HANES YR ALMAEN
1918 — 1933

Robin Evans

Argraffiad Cyntaf: Medi 1989

(h) Robin Evans/Gwasg Carreg Gwalch

Rhif Llyfr Safonol Rhyngwladol: 0 86381 085 3

Cyhoeddwyd mewn cydweithrediad â
Phwyllgor Addysg Gwynedd
gan
Wasg Carreg Gwalch, Capel Garmon, Gwynedd,
(06902 261).

für Susanne

CYNNWYS

Rhestr o Brif Bleidiau'r Almaen 1918—33............................ 6

Map 7

Rhagair 8

1. Y Camau Cyntaf tuag at Ddemocratiaeth yr Almaen a'r Rhyfel Mawr (1914—18) 9

2. Sefydlu Gweriniaeth Weimar (1919—20) 15

3. Blynyddoedd o Argyfwng (1920—23) 32

4. Y Ffyniant Arwynebol (1924—29) 43

5. Y Ffordd i'r Almaen Natsïaidd (1930—33) 57

Llyfryddiaeth 72

Mynegai 74

RHESTR O BRIF BLEIDIAU'R ALMAEN 1918-1933.

BVP *Bayerische Volkspartei*
    Plaid Pobl Bafaria
DDP *Deutsche Demokratische Partei*
    Plaid Ddemocrataidd yr Almaen
DNVP *Deutschnationale Volkspartei*
    Plaid Genedlaethol Pobl yr Almaen
DVP *Deutsche Volkspartei*
    Plaid Pobl yr Almaen
KPD *Kommunistische Partei Deutschlands*
    Plaid Gomiwnyddol yr Almaen
MSPD *Mehrheitssozialdemokratische Partei Deutschlands*
    Plaid Ddemocrataidd Sosialaidd Fwyafrifol
    yr Almaen
NSDAP *Nationalsozialistische Deutsche Arbeiterpartei*
    Plaid Genedlaethol Sosialaidd Gweithwyr
    yr Almaen
SPD *Sozialdemokratische Partei Deutschlands*
    Plaid Ddemocrataidd Sosialaidd yr Almaen
  Spartakusbund
    Cynghrair Spartacus
USPD *Unabhängige Sozialdemokratische Partei*
  Deutschlands
    Plaid Ddemocrataidd Sosialaidd
    Annibynnol yr Almaen
  Zentrumspartei
    Plaid y Canol

Map 4. Ewrop ar ôl y Rhyfel Mawr, 1920

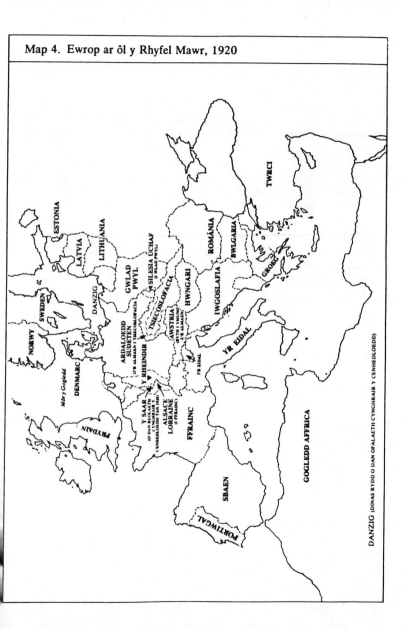

RHAGAIR

Hanes Gweriniaeth Weimar yw hanes yr Almaen yn y cyfnod rhwng disodli'r Caiser ym 1918 a sefydlu llywodraeth Adolf Hitler a'r Natsïaid ym 1933. Bwriad y llyfr hwn yn bennaf yw cyflwyno hanes y weriniaeth honno i fyfyrwyr chweched dosbarth, i is-raddedigion a hefyd i'r darllenydd cyffredin. Yn ogystal â hyn dangosir sut y deilliai nifer o wendidau'r Weriniaeth o'i gorffennol ymerodrol, y modd y sefydlwyd hi a'r rhan a chwaraeodd y gwendidau cynnar hynny yng nghwymp terfynol Gweriniaeth Weimar.

Hoffwn ddiolch i Mr Cyril Hughes o Adran Addysg Cyngor Sir Gwynedd ac i Annwen Morgan, Rhian Tomos a Meri Elis am ddarllen y proflenni. Diolch yn arbennig i Cen Williams a Robat Trefor am eu llafur, eu cyngor ieithyddol a'u hamynedd ac i Wasg Carreg Gwalch am gyhoeddi'r llyfr. Yn olaf hoffwn ddatgan fy niolch a fy nyled i'r diweddar Anwen P. Williams am ei chefnogaeth a'i hysbrydoliaeth.

Y CAMAU CYNTAF TUAG AT DDEMOCRATIAETH — YR ALMAEN A'R RHYFEL MAWR (1914-18)

Ym 1918 daeth Ymerodraeth yr Almaen (*Deutsches Reich*), a oedd wedi'i sefydlu gan Bismarck ym 1871, i ben. Yn ei lle sefydlwyd gweriniaeth ddemocrataidd — Gweriniaeth Weimar — ond o fewn pedair blynedd ar ddeg dymchwelwyd y Weriniaeth honno gan Adolf Hitler a'r Natsïaid. Er mai effeithiau'r Rhyfel Mawr ar yr Almaen a oedd yn gyfrifol am baratoi'r ffordd i sefydlu'r Weriniaeth, llwyddodd yr Arweinyddiaeth Filwrol i guddio gwir sefyllfa filwrol yr Almaen rhag y bobl. Llwyddasant hefyd i osgoi'r cyfrifoldeb dros fethiant yr Almaen a bu hynny'n achos trafferthion di-rif i Weriniaeth Weimar.

YR ALMAEN AR DDECHRAU'R RHYFEL MAWR

Ym mis Awst 1914 rhuthrodd Ewrop i ryfel. Credai mwyafrif yr Almaenwyr eu bod yn ymladd brwydr amddiffynnol yn erbyn y gelyn traddodiadol yn y gorllewin sef Ffrainc, a Rwsia yn y dwyrain. Derbyniai'r Almaenwr cyffredin safbwynt y llywodraeth mai ennill tiroedd yn y gorllewin a'r dwyrain oedd y nod os oeddynt am ddiogelu'r Ymerodraeth. Er mwyn datrys y broblem o ymladd ar ddwy ffrynt yr un pryd rhoddodd Arweinyddiaeth Filwrol yr Almaen ei ffydd yng Nghynllun Schlieffen, sef cynllun i orchfygu Ffrainc gan ymosod yn sydyn trwy Wlad Belg cyn i Rwsia gwblhau ei pharatoadau. Yna gallai'r Almaen ganolbwyntio ei holl fyddinoedd ac adnoddau ar un ffrynt yn unig, yn erbyn Rwsia. Ond methiant oedd Cynllun Schlieffen, a gyda sefydlu ffosydd ar Ffrynt y Gorllewin daeth yn amlwg fod yr Almaen am wynebu rhyfel hir — rhyfel a fyddai'n siwr o effeithio ar ei chymdeithas, ei heconomi a'i system wleidyddol.

Er bod yr Almaen yn un o brif wledydd diwydiannol y byd ym 1914 roedd ymhell o fod yn wlad ddemocrataidd. Pan sefydlwyd yr Ymerodraeth ym 1871 roedd y pŵer yn nwylo dau ddyn, y Caiser, Wilhelm I, a'r Canghellor, Bismarck. Er bod gan yr Almaen senedd, y *Reichstag*, nid oedd iddi unrhyw rym gwirioneddol. Hyd yn oed wedi i'r Caiser Wilhelm II ddiswyddo Bismarck nid oedd unrhyw blaid wleidyddol, gan gynnwys Plaid Ddemocrataidd Sosialaidd yr Almaen (*Sozialdemokratische Partei Deutschlands* — SPD), yn frwdfrydig dros sefydlu democratiaeth seneddol. Wrth i'r Almaen ddatblygu'n ddiwydiannol, a gyda chynnydd aruthrol ym mhoblogaeth y wlad, cafwyd newidiadau cymdeithasol mawr. Datblygodd dosbarth canol ffyniannus a hefyd ddosbarth gweithiol a wynebai amodau byw ac amodau gwaith gwael. Felly, i'r Sosialwyr Democrataidd y nod pwysicaf oedd sicrhau diwygiadau cymdeithasol. Ond er yr anghyfiawnder cymdeithasol cefnogai mwyafrif llethol yr Almaenwyr yr Ymerodraeth gan gredu mai sefydlu'r Ymerodraeth oedd achos y ffyniant economaidd. O ganlyniad, roedd ymdeimlad o genedlaetholdeb yn gryf iawn yn yr Almaen a phan ddechreuodd y Rhyfel Mawr ym 1914 unodd y boblogaeth a'r pleidiau gwleidyddol y tu cefn i'r Caiser yn y frwydr amddiffynnol.

Y RHYFEL MAWR (1914-18)

Oherwydd methiant Cynllun Schlieffen rhaid oedd i'r Almaen a'i chynghreiriad, Awstria — Hwngari, ymladd ar ddwy ffrynt. Er i'r Almaen lwyddo i orchfygu Rwsia mewn sawl brwydr yn y dwyrain, profodd yn amhosibl i unrhyw ochr ennill buddugoliaeth bendant yn y gorllewin oherwydd natur rhyfel y ffosydd. Ni lwyddodd arweinyddion milwrol unrhyw wlad i addasu i'r rhyfel newydd a daeth yn amlwg y byddai'r rhyfel yn parhau am gyfnod hir. Felly, yn Awst 1916, apwyntiwyd Paul von Hindenburg yn Bennaeth y Staff Milwrol gyda'r Cadfridog Erich von Ludendorff yn gynhorthwy iddo. Ludendorff oedd y cryfaf o'r ddau ac o fewn cyfnod byr daeth yr Almaen yn unbennaeth filwrol wrth iddo ef ddod i reoli pob agwedd ar fywyd gwleidyddol yr Almaen. Credai Hindenburg a Ludendorff fod llwyddiant milwrol yn bosibl a thrwy system sensoriaeth effeithiol llwyddwyd i argyhoeddi'r cyhoedd o gyfiawnder achos yr Almaen a chuddio'r wir sefyllfa filwrol rhag y bobl a'r milwr cyffredin.

Cafodd methiant Cynllun Schlieffen i sicrhau buddugoliaeth sydyn i'r Almaen a llwyddiant Hindenburg a Ludendorff yn sefydlu unbennaeth filwrol effaith uniongyrchol ar undod y

Reichstag. Hyd 1916 roedd pleidiau'r Reichstag wedi cydweithio er mwyn yr ymgyrch filwrol ond teimlai rhai Sosialwyr Democrataidd yn anfodlon ar y ffordd yr oedd yr Arweinyddiaeth Filwrol wedi troi'r rhyfel i fod yn rhyfel ymosodol. Ym 1916 chwalwyd undod y pleidiau o fewn y Reichstag pan wrthododd deunaw aelod o'r SPD bleidleisio o blaid cyllideb a oedd yn angenrheidiol i barhad yr ymgyrch filwrol. Yr oedd hynny i arwain, yn ei dro, at ddigwyddiad a oedd o bwys enfawr nid yn unig i ddyfodol y Blaid Ddemocrataidd-Sosialaidd ond hefyd i ddyfodol Gweriniaeth Weimar. Ym 1917 rhwygwyd y blaid yn ddwy pan ffurfiwyd yr USPD (Plaid Ddemocrataidd Sosialaidd Annibynnol yr Almaen — *Unabhängige Sozialdemokratische Partei Deutschlands*) gan y deunaw aelod a wrthwynebai bolisi'r SPD o barhau â'r rhyfel. Ond roedd gwahaniaeth mwy sylfaenol rhwng y Sosialwyr Annibynnol a'r MSPD (Plaid Ddemocrataidd Sosialaidd Fwyafrifol yr Almaen — *Mehrheitssozialdemokratische Partei Deutschlands*) na'u hagwedd at y rhyfel. Yn groes i'r Sosialwyr Mwyafrifol, yr oedd Sosialwyr Annibynnol yn erbyn polisïau o symud graddol at sefydlu democratiaeth seneddol yn yr Almaen ac o blaid tactegau mwy chwyldroadol.

Erbyn hyn roedd yr amodau yn y ffosydd yn annioddefol tra oedd gwarchae llynges y Cynghreiriaid yn achosi prinder bwyd gartref. Wrth i'r sefyllfa waethygu cyflwynodd Matthias Erzberger, arweinydd Plaid Gatholig y Canol, ddatganiad heddwch ar yr 19eg o fis Gorffennaf, 1917. Dadleuai Erzberger mai rhyfel amddiffynnol yn unig yr oedd yr Almaen yn ei ymladd, ac na fwriadai felly ennill tiroedd ar ddiwedd y rhyfel. Yn hytrach yr oedd am gytundeb heddwch oedd yn sicrhau dealltwriaeth a chymod rhwng gwledydd Ewrop. Llwyddodd Erzberger i rwygo'r Reichstag yn ddwy wrth i'w blaid ef ei hun, y Sosialwyr Democrataidd, ynghyd â'r Blaengarwyr, bleidleisio o blaid y datganiad heddwch gyda'r Ceidwadwyr a'r Rhyddfrydwyr Cenedlaethol yn ei wrthwynebu. O ganlyniad, dechreuodd y tair plaid gydweithredu â'i gilydd a galw am rai diwygiadau cyfansoddiadol. Gyda'r Chwyldro yn Rwsia yn Chwefror 1917 wedi disodli'r Tsar yno, roedd Wilhelm II yn barod i ganiatáu rhai diwygiadau. Roedd y cam cyntaf ar y ffordd i'r Almaen ddemocrataidd wedi'i gymryd.

YR ALMAEN A CHWYLDRO'R BOLSIEFIGIAID

Yn Hydref 1917 llwyddodd Lenin a'r Bolsiefigiaid i gipio grym yn Rwsia a sefydlu'r wladwriaeth gomiwnyddol gyntaf mewn hanes. Cafodd Chwyldro'r Hydref sawl effaith ar yr Almaen. Gartref beirniadwyd y Chwyldro gan y Sosialwyr Mwyafrifol am ei fod yn eu barn hwy yn annemocrataidd ond yr oedd y Chwyldro yn hwb i obeithion y Sosialwyr Annibynnol. Yn ddigon naturiol ceisiodd y comiwnyddion yn yr Almaen fanteisio ar y digwyddiadau yn Rwsia. Gyda phenderfyniad yr Almaen i orfodi Rwsia i dderbyn cytundeb heddwch llym trefnodd y comiwnyddion streic gan dros filiwn o weithwyr. Ond nid cydymdeimlad â chomiwnyddion Rwsia oedd ym meddyliau'r streicwyr. Cafwyd sawl streic yn yr Almaen wedi Tachwedd 1917 wrth i galedi'r rhyfel daro'r Almaenwr cyffredin gyda phrinder bwyd a thanwydd drwy'r wlad. Dibynnai'r rhan fwyaf o'r boblogaeth ar rwdins a gelwid gaeaf 1917-18 yn "aeaf rwdins".

O ran y rhyfel, prif effaith llwyddiant Lenin a'r Bolsiefigiaid yn cipio grym yn Rwsia oedd sicrhau cytundeb heddwch rhwng yr Almaen a Rwsia. Roedd Cytundeb Brest — Litovsk (Mawrth 1918) yn dangos yn glir agwedd Arweinyddiaeth Filwrol yr Almaen tuag at ei gelynion. Mewn cytundeb didostur collodd Rwsia draean ei phoblogaeth a'i thir amaethyddol, 90% o'i phyllau glo a hanner ei diwydiant trwm i'r Almaen. O safbwynt milwrol rhoddodd y cytundeb y cyfle i Ludendorff a Hindenburg ganolbwyntio ar Ffrynt y Gorllewin a phenderfynodd Ludendorff drefnu ymosodiad ar gyfer y gwanwyn. Er bod yr Unol Daleithiau wedi ymuno â'r rhyfel ar ochr y Cynghreiriaid ac er i Woodrow Wilson, Arlywydd yr Unol Daleithiau, gyflwyno sylfaen ar gyfer trafodaethau heddwch yn Ewrop (yr hyn a elwid yn ddiweddarach yn "Bedwar Pwynt ar Ddeg") penderfynodd Ludendorff barhau a'i gynlluniau. Bu farw miloedd o filwyr yn ystod yr ymosodiad ond ni lwyddodd yr Almaen i ennill mantais dros y Cynghreiriaid, ac yr oedd y cyfan yn fethiant. Gwyddai'r Arweinyddiaeth Filwrol nad oedd buddugoliaeth yn bosibl mwyach wrth i filwyr yr Unol Daleithiau ymuno â Ffrainc a Phrydain. Ar Awst yr 8fed 1918 llwyddodd llu o danciau'r Cynghreiriaid i dorri drwy amddiffynfa'r Almaen ar Ffrynt y Gorllewin. Roedd cwymp milwrol yr Almaen yn anochel.

Y CHWYLDRO ODDI UCHOD — Y CAISER YN SEFYDLU DEMOCRATIAETH SENEDDOL

Ar ddiwedd mis Medi hysbysodd Ludendorff y Canghellor, von Hertling, a Hindenburg fod rhaid i'r Almaen alw am gadoediad ar unwaith, yn seiliedig ar "Bedwar Pwynt ar Ddeg" Woodrow Wilson. Gwyddai Ludendorff na fyddai Wilson yn cynnig telerau ffafriol, ac na fyddai'r Almaen yn osgoi chwyldro gartref, oni bai i'r llywodraeth ddiwygio cyfansoddiad Ymerodraeth yr Almaen yn sylfaenol.

Ar Hydref 1af, felly, apwyntiwyd y Tywysog Max von Baden yn Ganghellor newydd yr Almaen gan y Caiser. Prif swyddogaeth y Tywysog Max oedd arwain llywodraeth a fyddai'n dderbyniol i'r chwith a'r dde ac felly dewisodd aelodau'r cabinet o'r Zentrumspartei (Plaid y Canol), Plaid y Blaengarwyr a'r Blaid Ddemocrataidd Sosialaidd Fwyafrifol. Hon oedd y llywodraeth seneddol gyntaf yn hanes yr Almaen. Y Ceidwadwyr a'r Rhyddfrydwyr Cenedlaethol oedd y gwrthbleidiau o fewn y Reichstag (y senedd). O'r cychwyn cyntaf felly gosodwyd sylfaen i ddemocratiaeth yn yr Almaen am fod y llywodraeth yn gorfod dibynnu ar gefnogaeth y Reichstag. Wedi blynyddoedd o alw heb lwyddiant am ddiwygiadau cyfansoddiadol, roedd y pleidiau a oedd yn cefnogi diwygio, yn enwedig y Sosialwyr Mwyafrifol, yn cael eu hannog i gyflawni'r diwygiadau hynny ar fyrder. O ganlyniad, cyflwynwyd nifer o fesurau pell-gyrhaeddgar gan Lywodraeth y Tywysog Max, gyda sêl bendith y Reichstag. O hynny allan roedd yr Almaen yn wlad ddemocrataidd gyda'r Canghellor yn atebol i'r Reichstag, nid i'r Caiser. Collodd y Caiser nifer o'i hawliau traddodiadol gan gynnwys rheolaeth lwyr ar y lluoedd arfog. Yn ogystal, cyflwynwyd y bleidlais gyffredinol a'r bleidlais ddirgel i bob un o *Länder* (rhanbarthau) yr Almaen gan gynnwys y *Land* mwyaf ceidwadol, Prwsia. Ond gyda'r wlad yn dioddef gan ryfel nid oedd gan fwyafrif y boblogaeth unrhyw ddiddordeb yn y newidiadau cyfansoddiadol hyn.

Y brif broblem a wynebai'r llywodraeth newydd oedd rhoi terfyn ar y rhyfel. Ar Hydref y 3ydd anfonodd y Tywysog Max lythyr diplomyddol at Woodrow Wilson yn galw am drafodaethau heddwch yn seiliedig ar y "Pedwar Pwynt ar Ddeg". Mewn sawl llythyr diplomyddol datgelodd Wilson yr amodau hynny yr oedd yn rhaid i'r Almaen eu derbyn cyn i'r Unol Daleithiau arwyddo unrhyw gadoediad. Yr oedd yr Almaen i derfynu'r rhyfel tanfor ac i gilio o'r tiroedd hynny yr oedd hi wedi'u cipio yn ystod y rhyfel. Ymhlith gweddill yr amodau yr oedd Wilson yn crybwyll y dylid gorfodi'r Caiser i ymddiswyddo. Yn hytrach na derbyn telerau Wilson, ymateb Ludendorff a Hindenburg oedd ceisio parhau â'r rhyfel trwy gyhoeddi maniffesto i'r perwyl hwn i'r fyddin. Gan fod Ludendorff wedi gweithredu heb ganiatâd y llywodraeth galwodd y Tywysog Max ar y Caiser i ddiswyddo'r Cadfridog. Ymddiswyddodd Ludendorff ar Hydref y 26ain ac apwyntiwyd y Cadfridog Wilhelm Groener yn Bennaeth yr Arweinyddiaeth Filwrol.

Roedd y newydd fod yr Almaen yn galw am gadoediad yn ergyd drom i'r boblogaeth gyfan. Y prif reswm dros hyn oedd i'r Arweinyddiaeth Filwrol guddio gwir sefyllfa filwrol yr Almaen yn ystod y rhyfel rhag y bobl. Effeithiodd y newydd am y trafodaethau rhwng y llywodraeth a'r Arlywydd Wilson yn fwyaf arbennig ar y rhai a oedd wedi dioddef fwyaf yn ystod y rhyfel; y gwerinwyr a'r dosbarth gweithiol. Rhoddodd y newydd hwb i obeithion y chwith eithafol, yn enwedig y *Spartakusbund* (Cynghrair Spartacus). Bwriad y Spartakusbund oedd sefydlu unbennaeth y proletariat yn yr Almaen. Cyn Hydref 1918 ni fu unrhyw alwad gyffredinol am newidiadau chwyldroadol ond wedi cyhoeddiad y llywodraeth ynglŷn â'r cadoediad cafwyd sawl galwad am ymddiswyddiad y Caiser. Ar yr un pryd ceisiai sawl rhanbarth o fewn yr Almaen derfynu'r rhyfel yn lleol er mwyn osgoi rhagor o ymladd. Mewn sawl ffordd roedd Chwyldro Tachwedd yn ganlyniad i'r ddau ddatblygiad hyn.

SEFYDLU GWERINIAETH WEIMAR (1919-20)

Roedd y cyfnod o Dachwedd 1918 hyd Fawrth 1920 yn dyngedfennol nid yn unig yn hanes cynnar Gweriniaeth Weimar ond hefyd yn ei chwymp terfynol ym 1933. Pan sefydlwyd y Weriniaeth ym 1919 mabwysiadwyd cyfansoddiad a oedd yn ymddangosiadol berffaith, ond a oedd yn cynnwys gwendidau. Ni fuasai hynny ynddo'i hun yn achos pryder mawr ond roedd cyfnod cynnar y Weriniaeth yn gyfnod o wrthryfela, gan eithafwyr y dde a'r chwith, tra oedd yr Almaen wedi'i gorfodi i dderbyn cytundeb heddwch a oedd yn afresymol a llym. Roedd sawl rheswm dros fethiant terfynol Gweriniaeth Weimar ond mae'n wir i nifer o wendidau sylfaenol y Weriniaeth ddeillio o'r modd y'i sefydlwyd ac o ddigwyddiadau yn ystod ei sefydlu.

CHWYLDRO TACHWEDD — CHWYLDRO ODDI ISOD

Dechreuodd Chwyldro Tachwedd ar ddiwedd Hydref 1918 wedi i Lywodraeth y Tywysog Max gytuno i roi terfyn ar y rhyfel tanfor. Penderfynodd y Llyngesyddion, heb ymgynghori â'r llywodraeth, ymosod ar lynges Prydain er mwyn dangos grym Llynges Ymerodrol yr Almaen mewn un frwydr derfynol. Ond ar Hydref yr 28ain, tra oedd y Caiser yn cadarnhau'r newidiadau cyfansoddiadol, gwrthododd llongwyr y Llynges Ymerodrol yn Kiel ufuddhau i orchmynion eu swyddogion. Wedi iddynt ddioddef amodau gwaith gwael ers blynyddoedd ni fwriadai'r llongwyr eu haberthu'u hunain er mwyn balchder y Llyngesyddion. Ar ôl i'r Morlys geisio disgyblu arweinwyr y brotest, ffurfiwyd cyngor llongwyr gan y gwrthryfelwyr yn Kiel. Galwodd y cyngor am ryddhau arweinyddion y brotest, ac yn bwysicach fyth, am ymddiswyddiad y Caiser.

Apeliodd awdurdodau'r Llynges am gymorth y llywodraeth, a'u hymateb hwy oedd anfon Gustav Noske, Sosialydd Mwyafrifol, i Kiel i roi terfyn ar y gwrthryfel. Llwyddodd Noske i gadw trefn yn Kiel trwy gyfreithloni'r cyngor llongwyr ond ni allai rwsytro'r gwrthryfel rhag lledaenu. Erbyn Tachwedd y 7fed ac 8fed roedd y gwrthryfel wedi lledaenu nid yn unig i weddill porthladdoedd y gogledd, ond i'r prif ganolfannau ar draws yr

Almaen. Yn y cyfamser, gyda chwymp Awstria-Hwngari disodlwyd teulu brenhinol Bafaria a daeth Bafaria'n weriniaeth ddemocrataidd. Prif Weinidog newydd Bafaria oedd Kurt Eisner, Sosialydd Annibynnol, a reolai gyda chymorth ei blaid ef ei hun ynghyd â Sosialwyr Mwyafrifol Bafaria.

Gyda'r holl ddatblygiadau hyn roedd arweinwyr cenedlaethol y Sosialwyr Mwyafrifol mewn sefyllfa anodd. Ar y naill law roedd aelodau'r blaid yn gyffredinol yn galw am bolisïau llawer mwy milwriaethus. Ar y llaw arall ofnai arweinwyr y blaid y byddai'r cynghorau llongwyr a gweithwyr a'r cynghorau milwyr a gweithwyr, a oedd yn prysur ledaenu drwy'r wlad, yn gwrthryfela'n erbyn Llywodraeth y Tywysog Max er gwaethaf presenoldeb Sosialwyr Mwyafrifol yn y llywodraeth. Penderfynodd arweinwyr y Sosialwyr Mwyafrifol rybuddio'r Tywysog Max os na fyddai Wilhelm II yn ymddiswyddo, y byddai'r Sosialwyr Mwyafrifol yn ymddiswyddo o'r llywodraeth. Gobaith arweinwyr y Sosialwyr Mwyafrifol a'r Tywysog Max oedd achub y frenhiniaeth trwy sicrhau ymadawiad Wilhelm II. Gwrthododd Wilhelm ymddiswyddo gan ddangos ei fod yn ystyfnig hyd y diwedd. O ganlyniad, gadawodd y Sosialwyr Mwyafrifol y llywodraeth ac roedd hynny'n gorfodi ymddiswyddiad y Tywysog Max. Apwyntiodd y Tywysog Max Friedrich Ebert, arweinydd y Sosialwyr Mwyafrifol, yn Ganghellor newydd y wlad (er nad oedd yr hawl gyfreithlon ganddo i wneud hynny) yn y gobaith y gallai Ebert alw Cynulliad Cyfansoddedig i lunio cyfansoddiad newydd i'r Almaen. Ond er mai Ebert oedd y Canghellor newydd roedd y gwir rym yn nwylo'r cynghorau milwyr a gweithwyr, o fewn yr Almaen ei hun, ac yn nwylo'r cadfridogion ar Ffrynt y Gorllewin. Ar Dachwedd y 9fed, er mwyn sicrhau goruchafiaeth y Sosialwyr Mwyafrifol dros y chwith eithafol, cyhoeddodd Philipp Scheidemann fod yr Almaen yn "Weriniaeth". Ar yr un diwrnod cyhoeddodd Karl Liebknecht, un o arweinwyr y Spartakusbund, fod yr Almaen yn "Weriniaeth Sosialaidd". Y noson honno ffôdd Wilhelm II i'r Iseldiroedd.

CYNGOR CYNRYCHIOLWYR Y BOBL: Y CHWITH MEWN GRYM

Er bod awdurdod yn yr Almaen yn awr yn nwylo'r chwith,

roedd y chwith yn rhanedig. O fewn rhengoedd y Sosialwyr Mwyafrifol gwrthwynebai arweinwyr fel Ebert y "Chwyldro", a'u bwriad hwy oedd galw Cynulliad Cyfansoddedig er mwyn sefydlu Almaen ddemocrataidd. Gwrthwynebid amcanion y Sosialwyr Mwyafrifol gan y Sosialwyr Annibynnol, y cynghorau milwyr a gweithwyr a'r Spartakusbund. Bwriadai'r Sosialwyr Annibynnol gychwyn ar unwaith ar y gwaith o sosialeiddio'r economi a democrateiddio'r fyddin a'r gwasanaeth sifil er mwyn amddiffyn buddiannau'r dosbarth gweithiol, cyn ethol y Cynulliad Cyfansoddedig. Nid oedd gan y cynghorau milwyr a gweithwyr unrhyw gynlluniau pendant nac ychwaith unrhyw arweinyddion amlwg. Ond y Spartakusbund oedd y bygythiad mwyaf difrifol i gynlluniau'r Sosialwyr Mwyafrifol. Roedd ganddynt arweinyddion disglair yn Karl Liebknecht a Rosa Luxemburg a oedd yn amharod i gyfaddawdu. Eu bwriad hwy oedd sefydlu cyfundrefn o gynghorau i reoli'r wlad. Er gwaethaf y drwgdeimlad rhyngddynt penderfynodd y Sosialwyr Mwyafrifol a'r Sosialwyr Annibynnol gydweithredu â'i gilydd, am y tro o leiaf. Ebert a oedd yn bennaf gyfrifol am hyn gan ei fod yn awyddus i danseilio apêl y Spartakusbund. Roedd y cytundeb â'r Sosialwyr Annibynnol yn ddigon niwlog i blesio'r ddwy ochr.

O ganlyniad i'r cytundeb etholwyd llywodraeth chwyldroadol newydd i reoli'r wlad — Cyngor Cynrychiolwyr y Bobl. Chwe aelod oedd i'r Cyngor, sef Ebert, Scheidemann ac Otto Landsberg o'r MSPD a Hugo Haase, Wilhelm Dittmann ac Emil Barth o'r USPD. Etholwyd Ebert yn gadeirydd. Derbyniwyd fod y Cyngor yn gyfreithlon yn y cyfarfod o 3,000 o gynrychiolwyr y cynghorau milwyr a gweithwyr yn Berlin. Sefydlodd y cyfarfod bwyllgor gwaith i gadw golwg ar y llywodraeth newydd. Yn ffodus, ni ddiffiniwyd y berthynas rhwng y Cyngor a'r pwyllgor gwaith a ni fu unrhyw wrthdrawiad difrifol rhyngddynt.

Yn y cyfamser yn Fforest Compiégne cyfarfu dirprwyaeth yr Almaen, dan arweinyddiaeth Matthias Erzberger, â'r Cadlywydd Foch, cynrychiolydd y Cynghreiriaid, i dderbyn telerau'r Cynghreiriaid. Ar Dachwedd yr 11eg arwyddodd yr Almaenwyr y cadoediad.

Y FRWYDR O FEWN RHENGOEDD Y CHWITH

Ond problemau mewnol oedd prif bryder Ebert. Yn gyntaf, rhaid oedd cadw trefn drwy'r wlad. Os na allai'r llywodraeth gadw rheolaeth ar y grwpiau eithafol, ac amddiffyn y boblogaeth, ofnai Ebert y byddai'r Cynghreiriaid yn meddiannu'r Almaen i gyd. Yn bwysicach fyth roedd yn rhaid i Ebert gadw rheolaeth os oedd am lwyddo i sicrhau mai democratiaeth fyddai system wleidyddol yr Almaen yn y dyfodol. Felly, ar y 10fed o Dachwedd, heb yn wybod i'r Sosialwyr Annibynnol, derbyniodd Ebert gynnig y Cadfridog Groener, Pennaeth yr Arweinyddiaeth Filwrol, i roi cefnogaeth y fyddin i'r llywodraeth. Fel rhan o'r cytundeb roedd Ebert i amddiffyn yr Almaen rhag comiwnyddiaeth ac i sicrhau na fyddai'r llywodraeth yn diwygio'r fyddin. Credai Ebert mai'r cytundeb oedd yr unig ffordd i osgoi rhyfel cartref yn erbyn y Spartakusbund ac i sicrhau cefnogaeth y fyddin i'r cadoediad. Ond mewn gwirionedd roedd y cytundeb yn llwyddiant ysgubol i Groener a'r Arweinyddiaeth Filwrol gan iddo ddiogelu dyfodol arweinyddiaeth draddodiadol y fyddin. Er i'r cytundeb ymddangos yn fuddiol i'r Weriniaeth newydd, profodd gyda threigl amser mai bygythiad ydoedd i fodolaeth yr Almaen ddemocrataidd.

Wedi iddo ennill cefnogaeth y fyddin roedd Ebert yn benderfynol o alw Cynulliad Cyfansoddedig. Cododd hynny wrthdaro o fewn Cyngor Cynrychiolwyr y Bobl. Bwriad Ebert a'r Sosialwyr Mwyafrifol oedd galw'r Cynulliad ar unwaith er mwyn i'r Cynulliad sefydlu Almaen ddemocrataidd a thrafod newidiadau yn yr economi. Credai'r Sosialwyr Annibynnol, ar y llaw arall, y dylai'r Cyngor Cynrychiolwyr ei hun fynd ati ar unwaith i gadarnhau'r chwyldro cyn galw'r Cynulliad. Yn eu barn hwy rhaid oedd sosialeiddio'r economi a democrateiddio'r fyddin er mwyn amddiffyn buddiannau'r dosbarth gweithiol. Y ffactor allweddol oedd dyddiad yr etholiad ar gyfer y Cynulliad. Roedd y Sosialwyr Mwyafrifol am etholiad cynnar, y Sosialwyr Annibynnol am etholiad diweddarach, tra gwrthwynebai'r Spartakusbund unrhyw etholiad. Cytunodd y Cyngor y dylai Cyngres Genedlaethol y Cynghorau Milwyr a Gweithwyr benderfynu ar ddyddiad yr etholiad.

CYNGRES GENEDLAETHOL Y CYNGHORAU MILWYR A GWEITHWYR

Cyfarfu'r Gyngres yn ninas Berlin ym mis Rhagfyr a'r Sosialwyr Mwyafrifol a oedd yn ben yno. Ar Ragfyr y 19eg gwrthododd y Gyngres, o 334 o bleidleisiau i 98, yr alwad am sefydlu llywodraeth a oedd yn seiliedig ar gynghorau, a chytunwyd y dylid cynnal etholiadau ar gyfer y Cynulliad Cyfansoddedig ar Ionawr y 19eg. Golygai hyn mai ychydig o amser a oedd gan y Sosialwyr Annibynnol i gyflawni unrhyw fesurau chwyldroadol. Ond er bod y Gyngres yn llwyddiant ysgubol i Ebert a'r Sosialwyr Mwyafrifol aeth y Gyngres yn ei blaen i gyflwyno dau fesur chwyldroadol — sosialeiddio'r economi a diwygio'r fyddin, gan gynnwys yr Arweinyddiaeth. Llwyddodd Ebert i osgoi unrhyw wrthdrawiad ar y mesur cyntaf trwy'i gyfeirio at y Comisiwn Sosialeiddio a oedd wedi'i sefydlu er mis Tachwedd er mwyn cynghori'r llywodraeth ar sosialeiddio'r economi. Ni allai Ebert osgoi'r ail fesur. Gwrthwynebai Hindenburg a Groener y mesur, gan ddadlau ei fod yn torri cytundeb Tachwedd y 10fed, a bygythiodd y ddau ymddiswyddo. Rhoddodd Ebert ateb digon niwlog i'r Arweinyddiaeth Filwrol gan gyhoeddi nad oedd y mesur yn cyfeirio at y fyddin yn y maes. I'r Sosialwyr Annibynnol roedd ateb Ebert yn cadarnhau eu drwgdybiaeth hwy o'i ymrwymiad ef i'r chwyldro a chynyddodd eu hamheuon yn sgîl digwyddiadau y tu allan i'r Gyngres yn ystod mis Rhagfyr.

Ers dechrau mis Tachwedd roedd grŵp o longwyr chwyldroadol o Kiel wedi bod yn aros yn y Palas Brenhinol. Yr oeddent yn gwrthod gadael heb gael eu had-daliad cyflog yn gyntaf. Ar Ragfyr y 23ain meddiannwyd swyddfeydd y llywodraeth gan y llongwyr ac arestiwyd nifer o swyddogion y llywodraeth gan gynnwys Ebert ei hun. Llwyddodd Ebert i alw am gymorth y fyddin a bore drannoeth ymosododd y fyddin ar y Palas a'r swyddfeydd, ac wedi i saith o'r llongwyr gael eu lladd, daeth y ddwy ochr i gytundeb. Cytunodd y llongwyr i adael y Palas Brenhinol a chytunodd y llywodraeth i dalu'r ad-daliad iddynt. Er i'r chwith feirniadu'r llywodraeth am ddefnyddio'r fyddin yn erbyn y llongwyr sylweddolai arweinyddion y fyddin nad oedd y milwyr wedi ymateb yn gadarn i'r argyfwng. Derbyniodd Gustav Noske y cyfrifoldeb dros gadw trefn a phenderfynodd recriwtio gwirfoddolwyr (y *Frei Korps*) i ddelio ag eithafwyr y chwith. Prif ganlyniad digwyddiadau'r 23ain a'r 24ain o Ragfyr oedd i'r tri Sosialydd Annibynnol benderfynu gadael Cyngor y Cynrychiolwyr. O'u safbwynt hwy roedd ymddygiad Ebert yn dangos nad oedd ef yn cefnogi'r chwyldro. Wedi ymadawiad y tri apwyntiwyd tri Sosialydd Mwyafrifol yn eu lle.

PUTSCH Y SPARTAKUSBUND

Gydag ymadawiad y Sosialwyr Annibynnol o'r llywodraeth cafwyd cynnydd yng ngweithgareddau milwriaethus y chwith. Ddiwedd Rhagfyr daeth y cysylltiad ansicr rhwng y Spartakusbund a'r Sosialwyr Annibynnol i ben wrth i'r Spartakusbund eu hail enwi nhw'u hunain yn *Kommunistische Partei Deutschlands* (Plaid Gomiwnyddol yr Almaen — y KPD). Nid oedd gan y blaid newydd gefnogaeth eang ac roedd nifer o'i haelodau yn anturiaethwyr anghyfrifol ac yn ffoaduriaid o'r fyddin. Yn groes i gyngor ei haelodau mwyaf deallus, Luxemburg a Liebknecht, penderfynodd y KPD wrthod sefyll yn yr etholiad i'r Cynulliad Cyfansoddedig. Roedd hyn yn siom fawr i Luxemburg oherwydd ei gobaith hi oedd gweld y KPD yn ennill cefnogaeth yn raddol a thrwy berswâd, nid trwy *coup d'état*. Roedd penderfyniad y KPD i wrthod sefyll yn yr etholiad yn agor y ffordd i wrthryfel — *"putsch"* — gan aelodau anghyfrifol y blaid. Y canlyniad oedd yr hyn a elwir yn *Putsch* y Spartakusbund.

Y cefndir i'r *putsch* oedd penderfyniad Ebert a'r llywodraeth, wedi ymadawiad y Sosialwyr Annibynnol, i lwyrlanhau swyddogion y wlad o unrhyw elfennau a oedd yn gefnogol i'r adain chwith. Ar Ionawr y 4ydd gorchmynnwyd i bennaeth Heddlu Berlin (Sosialwr Annibynnol) ymddiswyddo a galwodd y Sosialwyr Annibynnol a'r KPD ar y gweithwyr i brotestio'n erbyn y penderfyniad. Wrth i nifer o weithwyr brotestio ar y strydoedd ar Ionawr y 5ed meddiannwyd nifer o brif adeiladau Berlin gan filwyr y KPD. Erbyn prynhawn Ionawr y 6ed roedd yn amlwg nad oedd digon o gefnogaeth i'r *putsch* ac yn groes i gyngor Luxemburg penderfynodd y KPD barhau â'r gwrthryfel. Penderfynodd Liebknecht a Luxemburg frwydro ochr yn ochr â'u cymrodyr. Er nad oedd y gwrthryfel yn fygythiad difrifol i'r llywodraeth, eto, o gofio gwendidau'r llywodraeth, roedd llwyddiant yn bosibl. Penderfynodd Noske yrru'r Frei Korps i ddelio â'r gwrthryfelwyr. Er mai corffluoedd o wirfoddolwyr gwladgarol oedd y Frei Korps, yn barod i ddelio'n gadarn ag eithafwyr y chwith, roedd cryn amheuaeth ynglŷn â'u teyrngarwch i'r Weriniaeth. Serch hynny, nid oedd gan Ebert unrhyw ddewis ond galw am eu cymorth. Trwy ddefnyddio tafledyddion fflamau, magnelau a drylliau peiriant llwyddodd y Frei Korps i orchfygu'r gwrthryfelwyr. Saethwyd nifer o'r Comiwnyddion yn farw wedi iddynt ildio a phastynwyd Liebknecht a Luxemburg i farwolaeth gan swyddogion y fyddin pan oedd y ddau ar eu ffordd i'r carchar ar Ionawr y 15fed. Roedd eu marwolaeth yn golled fawr i'r chwith a hebddynt daeth y KPD, oherwydd arweinwyr gwan, dan ddylanwad Moscow. Er i'r bradlofruddion wynebu llys milwrol rhyddhawyd nifer ohonynt a chynorthwywyd y gweddill i ddianc. Dyma enghraifft gynnar o ragfarn amlwg y llysoedd o blaid yr adain dde ac yn erbyn y chwith, rhagfarn a oedd i barhau drwy'r 1920au.

YR ETHOLIAD I'R CYNULLIAD CYFANSODDEDIG

Roedd penderfyniad Cyngres Genedlaethol y Cynghorau Milwyr a Gweithwyr i gynnal etholiad yn Ionawr, a methiant *Putsch* y Spartakusbund, yn arwydd fod y cyfnod chwyldroadol ar ben a gallai Ebert gadw ei addewid i gynnal etholiad i'r Cynulliad Cyfansoddedig.

Y rhaniadau cymdeithasol-gwleidyddol o fewn yr Almaen ym 1919 oedd Democratiaeth Sosialaidd, Rhyddfrydiaeth a Cheidwadaeth. Prif bleidiau'r chwith oedd y Sosialwyr Mwyafrifol (MSPD) a'r Sosialwyr Annibynnol (USPD) y cyfeiriwyd atynt eisoes. Y pleidiau a ddatblygodd o'r Blaid Ryddfrydol Genedlaethol a Phlaid y Blaengarwyr wedi'r rhyfel oedd y DDP a'r DVP. Roedd i'r *Deutsche Demokratische Partei* (y DDP — Plaid Ddemocrataidd yr Almaen) arweinyddiaeth dalentog gan gynnwys Hugo Preuss, y cyfreithiwr cyfansoddiadol, Max Weber, yr hanesydd, a Walther Rathenau, rheolwr gyfarwyddwr cwmni diwydiannol mwyaf yr Almaen, yr AEG. Amcanion y Democratiaid oedd hybu rhaglen economaidd radical a diwygiadau cymdeithasol o fewn y system ddemocrataidd. Er mai Gustav Stresemann, cyn arweinydd y Blaid Ryddfrydol-Genedlaethol oedd sefydlydd Plaid Pobl yr

Almaen (y *Deutsche Volkspartei* — DVP), plaid geidwadol ydoedd yn dwyn ei chefnogaeth o'r dosbarthiadau proffesiynol, y gwasanaeth sifil a gwŷr busnes. Prif blaid y dde oedd y DNVP (*Deutschnationale Volkspartei* — Plaid Genedlaethol Pobl yr Almaen). Rhai o amcanion y Cenedlaetholwyr hyn oedd ail sefydlu'r fonarchiaeth, amddiffyn y dosbarthiadau breintiedig, gwrthwynebu diwygiadau cymdeithasol ac ymosod ar gyfundrefnau'r chwith. Y brif blaid nad oedd yn perthyn i unrhyw gategori cymdeithasol-gwleidyddol oedd y *Zentrumspartei* (Plaid y Canol). Roedd y blaid hon wedi'i sefydlu ym 1871 er mwyn amddiffyn buddiannau'r Eglwys Babyddol, ac felly'n groes i'r mwyafrif o'r pleidiau eraill, roedd iddi gefnogaeth o bob rhan o gymdeithas. Un blaid sylweddol arall, a ffurfiwyd gan rai o aelodau'r Zentrumspartei, oedd y *Bayerische Volkspartei* (y BVP — Plaid Pobl Bafaria) a fwriadai amddiffyn buddiannau arbennig Bafaria.

Cynhaliwyd yr etholiad i'r Cynulliad Cyfansoddedig ar Ionawr y 19eg 1919 ac roedd y canlyniadau'n fuddugoliaeth i'r pleidiau a oedd yn cefnogi'r Weriniaeth. Llwyddodd y Sosialwyr Mwyafrifol i ennill 165 o seddau, y Zentrumspartei 91 a'r Democratiaid 75. Ar y chwith enillodd y Sosialwyr Annibynnol 22 o seddau ac ar y dde enillodd y Cenedlaetholwyr 44 o seddau a Phlaid y Bobl 19. Enillwyd gweddill y seddau gan amryw o grwpiau lleiafrifol. Gydag 83% o'r etholwyr yn pleidleisio a 76% ohonynt wedi pleidleisio'n erbyn eithafwyr y dde a'r chwith roedd y canlyniadau'n dangos cefnogaeth eang i'r Weriniaeth. Ar Chwefror y 3ydd, felly, ildiodd Ebert y sofraniaeth a roddasid iddo gan y Tywysog Max a'r cynghorau gweithwyr a milwyr a throsglwyddwyd lywodraeth y wlad i ddwylo'r Cynulliad Cyfansoddedig. Roedd tri mis o lywodraeth dros dro ar ben.

Cyfarfu'r Cynulliad yn nhref Weimar yn Thuringia a'i ddyletswydd cyntaf oedd dewis Arlywydd cyntaf Gweriniaeth Weimar. Eu dewis oedd Ebert a galwodd ef ar Philipp Scheidemann o'r Sosialwyr Mwyafrifol i ffurfio'r llywodraeth gyntaf yn hanes y Weriniaeth. Gan nad oedd y Sosialwyr Annibynnol yn barod i ymuno â'r Sosialwyr Mwyafrifol, clymblaid oedd llywodraeth newydd y wlad, sef Clymblaid Weimar (y Democratiaid, y Sosialwyr Mwyafrifol a'r Zentrumspartei). Wynebai'r glymblaid dair problem ddyrys. Yn gyntaf, rhaid oedd delio â gwrthryfeloedd y comiwnyddion drwy'r wlad yn dilyn methiant *Putsch* y Spartakusbund. Ar ben hynny, prif ddyletswydd y llywodraeth a'r Cynulliad Cyfansoddedig oedd llunio cyfansoddiad newydd. Yn olaf, wynebai'r llywodraeth broblem y trafodaethau heddwch â'r Cynghreiriaid.

GWRTHRYFELOEDD Y COMIWNYDDION

Roedd *Putsch* y Spartakusbund yn Berlin yn sbardun i wrthryfeloedd tebyg drwy'r Almaen. Trwy gydol Chwefror a Mawrth roedd y Frei Korps, dan arweinyddiaeth y Cadfridog von Luttwitz, wrthi'n trechu'r gwrthryfelwyr comiwnyddol yn Cuxhaven, Bremen, Wilhelmshaven, Mülheim, Düsseldorf a Halle. Ni sylweddolodd Cyngor Gweithŵyr Berlin fod bygythiad i'r chwyldro gwreiddiol nes roedd yn rhy hwyr a galwasant am streic gyffredinol. Ymateb Noske oedd rhoi'r gorchymyn enwog i'r 42,000 o filwyr yn Berlin i ddienyddio unrhyw un a ddelid ag arf yn ei feddiant. O ganlyniad, lladdwyd rhwng 1,200 a 1,500 o bobl gan filwyr y llywodraeth. Wedi'r streic ychydig o rym a oedd gan y cynghorau a chollodd Ebert gefnogaeth nifer o'r gweithwyr. Parhaodd y Frei Korps â'u gwaith o orchfygu'r chwith ac ym Mai cipiwyd Munich.

Ym Munich roedd llywodraeth adain chwith y Sosialydd Annibynnol Kurt Eisner wedi rheoli Bafaria trwy gyfundrefn o gynghorau gweithwyr a milwyr oddi ar fis Tachwedd 1918. Ond methodd Eisner ag ennill yr etholiad cyffredinol a gynhaliwyd yn Ionawr 1919 a thra oedd ar ei ffordd i ymddiswyddo, llofruddiwyd ef gan aelod o'r adain dde. O ganlyniad, cafwyd gwrthdaro rhwng y chwith a'r dde trwy Bafaria a gorfodwyd llywodraeth newydd Bafaria — Llywodraeth Sosialaidd Fwyafrifol — i encilio o Munich. Cyhoeddodd grŵp o anturiaethwyr y chwith eu bod wedi sefydlu Gweriniaeth Sofietaidd yn Bafaria. Anfonwyd Eugen Leviné, dan orchymyn y KPD yn Berlin, i gymryd yr awennau ym Munich a dechreuodd recriwtio Byddin Goch. Yn y cyfamser, galwodd llywodraeth swyddogol Bafaria ar Ebert i ddelio â'r Comiwnyddion. Yn ystod mis Mai llwyddodd y fyddin a'r Frei Korps i drechu'r Fyddin Goch a chipio rheolaeth dros Bafaria yn enw'r llywodraeth, a dienyddiwyd Leviné. Ond nid y llywodraeth ganolog a elwodd o'r ymgyrch filwrol yn Bafaria oherwydd daeth Munich yn ganolfan i eithafwyr y dde ac yn symbol o'r gwrthwynebiad i gyfansoddiad democrataidd Gweriniaeth Weimar.

CYFANSODDIAD WEIMAR

Roedd y gwaith o lunio cyfansoddiad newydd i'r Almaen wedi cychwyn er mis Tachwedd 1918 dan oruchwyliaeth Hugo Preuss, un o sefydlwyr Plaid Ddemocrataidd yr Almaen. Derbyniwyd y cyfansoddiad a luniasid gan Preuss a'r Pwyllgor Cyfansoddiadol gan y Cynulliad Cyfansoddedig ar Orffennaf yr 31ain 1919. Prif amcan Preuss oedd sefydlu cyfansoddiad a adlewyrchai'n gyfangwbl y ddelfrydiaeth ryddfrydol honno y credai ef, a lleiafrif yn yr Almaen, mor gryf ynddi. Yn anffodus, nid oedd yr Almaenwyr wedi cael eu cyflyru gan hanes eu cenedl i ddymuno democratiaeth nac i'w ddeall. Golygai hyn nad oedd mwyafrif y boblogaeth yn frwdfrydig dros y Weriniaeth ddemocrataidd newydd ac roedd caniatâd y bobl yn allweddol i ddyfodol Gweriniaeth Weimar. Nid oedd y gwendid hwn yn amlwg ar y pryd ac mae'n wir fod yn y cyfansoddiad nifer o wendidau eraill nad oeddynt yn amlwg ym 1919. O ganlyniad, er i'r cyfansoddiad roi i'r Almaen ddemocratiaeth "berffaith", ar yr olwg gyntaf, byddai'i wendidau'n achosi nifer o broblemau i'r Weriniaeth yn ystod ei bodolaeth.

Roedd y cyfansoddiad yn sefydlu system ffederal o lywodraethu. Yn wreiddiol, bwriadai Preuss sefydlu gwladwriaeth unedol ond fe'i gorfodwyd i ildio i bwysau'r taleithiau a fynnai gadw eu hannibyniaeth. Ond gorfodwyd y cyn-daleithiau, a elwid o hynny allan yn rhanbarthau (Länder), i ildio'u byddinoedd a'u gweinidogion tramor er mwyn cynyddu grym y llywodraeth ganolog. Prwsia oedd y prif ranbarth, yn rheoli ⅔ o diriogaeth a phoblogaeth yr Almaen. Parhâi pwerau sylweddol yn nwylo'r rhanbarthau, yn enwedig yn y meysydd hynny a effeithiai'n uniongyrchol ar fywydau'r bobl, sef crefydd, addysg, cyfraith droseddol a sifil, a lles cymdeithasol. Roedd hyn yn siwr o sicrhau gwrthdrawiad rhwng y llywodraeth ganolog a'r Länder, yn enwedig wrth i elynion y Weriniaeth ddefnyddio unrhyw amwysedd rhwng llywodraeth ganolog a llywodraeth leol i achosi drwg i'r Weriniaeth.

Wedi hynny roedd yr Almaen yn ddemocratiaeth seneddol

gyda phŵer yn nwylo'r senedd — y Reichstag — a gyda deddfwriaeth y Reichstag uwchlaw deddfwriaeth y Länder. Etholid Reichstag am bedair blynedd gyda phleidlais gyffredinol i bawb dros 20 mlwydd oed. Dewiswyd cynrychiolaeth gyfrannol yn system etholiadol i'r wlad. Roedd i'r system gynrychiolaeth gyfrannol nifer o fanteision — er enghraifft, rhoi cynrychiolaeth i grwpiau lleiafrifol — ond roedd ei gwendidau'n amlwg mewn gwlad nad oedd wedi arfer â democratiaeth. Un o'r gwendidau hyn oedd i gymaint o bleidiau sefyll mewn etholiadau fel na lwyddodd unrhyw un blaid yn hanes y Weriniaeth i ennill mwyafrif o dros 50% o seddau. O ganlyniad i hyn collodd yr Almaen y fantais o gael llywodraeth sefydlog. Gwendid llai amlwg oedd fod yr etholwyr yn pleidleisio dros bleidiau ac nid dros ymgeiswyr. Golygai hyn nad oedd unrhyw berthynas rhwng yr aelod seneddol a'i etholwyr. Gallai aelodau uchelgeisiol fanteisio ar y system i ennill sedd trwy eu cysylltiadau o fewn y blaid ac nid oherwydd eu gallu gwleidyddol.

Roedd grym gweithredu yn yr Almaen newydd yn nwylo Arlywydd y Reich a'r llywodraeth o fewn y Reichstag. Yn ogystal â'i waith fel corff deddfu, dyletswydd arall y Reichstag oedd rheoli'r Canghellor (pennaeth y llywodraeth) a'i lywodraeth. Y Reichstag a reolai bolisïau'r llywodraeth ar faterion tramor, masnach, cyfathrebu, cyllid ac amddiffyn. Y Canghellor a oedd yn gyfrifol am ddewis aelodau'r cabinet a dibynnai'r cabinet ar ymddiriedaeth y Reichstag i barhau mewn grym. Gallai'r Reichstag basio pleidlais o ddiffyg hyder yn y llywodraeth. Roedd grym y Reichstag yn uwch nag ail siambr ddeddfu'r wlad, y *Reichsrat*, a gynrychiolai'r Länder.

Daeth y bygythiad i'r system ddemocrataidd hon o gyfeiriad annisgwyl, sef o du pŵer yr Arlywydd. Etholid Arlywydd yr Almaen bob saith mlynedd trwy bleidlais gyffredinol. Ei ddyletswydd ef oedd apwyntio a diswyddo'r Canghellor a gweinidogion y llywodraeth, ac yn ogystal gallai ddiddymu'r Reichstag a galw etholiad cyffredinol. Dan Erthygl 48 y cyfansoddiad roedd gan yr Arlywydd bwerau arbennig, gan gynnwys yr hawl i ddiddymu hawliau sifil, er mwyn delio ag amgylchiadau eithriadol. O gofio digwyddiadau gaeaf 1918-19 roedd sicrhau'r pwerau hyn i'r Arlywydd yn ddealladwy. Ond ni ddisgwylid i'r pwerau hyn fygwth llywodraeth ddemocrataidd fel a ddigwyddai pe bai'r Arlywydd yn cefnogi grŵp eithafol neu'n dod o dan ddylanwad grŵp felly.

Rhoddai'r cyfansoddiad yn ogystal yr hawl i'r bobl gyflwyno deddfwriaeth. Gallai 10% o'r etholwyr gyflwyno mesur seneddol neu gynnig gwelliant i'r cyfansoddiad trwy gyflwyno deiseb i'r Reichstag. Wedi derbyn deiseb o'r fath roedd yn orfodol i'r Reichstag drefnu refferendwm a fyddai'n penderfynu a oedd y mesur am basio'n ddeddf neu beidio. Unwaith eto, er mai bwriad y cyfansoddiad oedd diogelu democratiaeth, roedd hwn yn arf y gallai gelynion y Weriniaeth ei ddefnyddio.

Gwendid arall oedd methiant y cyfansoddiad i ddiwygio'r gwasanaeth sifil. Derbyniai'r Cynulliad Cyfansoddedig mai anymarferol fyddai ceisio diwygio'r gwasanaeth sifil ar raddfa eang. O ganlyniad, ni fu unrhyw lwyrlanhau'r elfennau gwrthddemocrataidd o'r gwasanaeth sifil. Yn ogystal, yn Erthygl 54 y cyfansoddiad, roedd y Farnwriaeth yn cael ei diogelu rhag unrhyw newidiadau radical. Oherwydd yr erthygl hon llwyddai barnwyr, trwy gydol y 1920au, i fynegi'u rhagfarnau monarchaidd mewn gair a gweithred. Gallai gwrthryfelwyr y dde, ar y cyfan, ddisgwyl gwell triniaeth na phrotestwyr y chwith.

Er mwyn sicrhau democratiaeth yn y byd economaidd, sefydlwyd Cyngor Economaidd y Reich. Mewn theori roedd digwyddiadau yn yr Almaen er mis Tachwedd 1918 wedi newid y berthynas rhwng y gweithwyr a'u cyflogwyr wrth i'r undebau llafur a'r cyflogwyr ddod i ddealltwriaeth â'i gilydd. Roedd y cyngor yn gam naturiol ymlaen gan mai math o senedd economaidd ydoedd gyda'r pŵer i gyflwyno ac adolygu deddfwriaeth economaidd a chymdeithasol. Yn ymarferol methodd y Cyngor Economaidd â chwarae unrhyw ran sylweddol yn hanes y Weriniaeth.

Ym myd addysg y gwelid rhai o wendidau llai amlwg y cyfansoddiad yn enwedig yn y methiant i ddiwygio'r system addysg. Y prif wendid oedd i'r system addysg barhau fel roedd hi dan y Caiser, yn amddiffynydd cenedlaetholdeb eithafol a'r system gymdeithasol draddodiadol. Felly, er i'r cyfansoddiad sefydlu'r egwyddor o addysg rad ac am ddim hyd at 18 mlwydd oed mewn ysgolion gwladol, rhoddid y pwyslais ar werthoedd oes y Caiser. Adlewyrchid hyn mewn gwerslyfrau â'u hagwedd wrth-weriniaethol, eu canmoliaeth i'r gorffennol Ymerodrol, a'u tuedd i roi'r holl fai am fethiannau polisi tramor yr Almaen ar y llywodraeth weriniaethol. Ond o safbwynt addysg uwch gwelwyd mân newidiadau o bwys o fewn y prifysgolion. Y prif ddatblygiadau oedd y cynnydd yn nifer y merched o fyfyrwyr a sefydlu pwyllgorau etholedig i gynrychioli barn y myfyrwyr. Ond er gwaethaf datblygiadau fel hyn parhâi'r prifysgolion yn noddfa i ideoleg yr adain dde gydag athrawon yn defnyddio'u hystafelloedd darlithio i ymosod ar y Weriniaeth. Nid yw'n syndod felly, er enghraifft, mai'r mudiad gwleidyddol cryfaf ymhlith myfyrwyr prifysgol ym 1929 oedd Sosialaeth-Genedlaethol, sef Natsïaeth.

Afresymol fyddai rhoi'r holl fai am fethiant democratiaeth yn yr Almaen rhwng 1919 a 1933 ar y cyfansoddiad, er ei holl wendidau. O gofio cefndir sefydlu'r Weriniaeth roedd y gwendidau'n ddealladwy ac yr oedd sawl ffactor arall yn cyfrannu at fethiant Gweriniaeth Weimar i oroesi. Un o'r ffactorau hynny oedd Cytundeb Versailles.

CYTUNDEB VERSAILLES

Credai llywodraeth yr Almaen fod cytundeb heddwch teg yn angenrheidiol os oedd yr Almaen ddemocrataidd i ffynnu o'r dechrau. Yn wir disgwyliasant gytundeb teg oherwydd iddynt arwyddo cadoediad yn seiliedig ar y 'Pedwar Pwynt ar Ddeg' a chefnu ar eu gorffennol Ymerodrol. Ar Fai'r 7fed cyflwynodd y Cynghreiriaid yr amodau heddwch i'r Almaen. Ymateb llywodraeth yr Almaen oedd siom a dicter, ac o edrych yn fras dros brif delerau'r cytundeb, gallwn weld pam yr oedd hi'n ymateb felly.

O safbwynt tiriogaeth yr oedd yr Almaen yn disgwyl colli ardaloedd fel Alsace-Lorraine a Gogledd Schleswig ond cwbl annisgwyl oedd y penderfyniad i wahanu Dwyrain Prwsia oddi wrth weddill yr Almaen gan y Cyntedd Pwylaidd. Yn ogystal, rhaid oedd i'r Almaen ildio ardal gyfoethog, Silesia Uchaf, i Wlad Pŵyl. Roedd Ffrainc i reoli cwm glofaol y Saar am bymtheng mlynedd gyda refferendwm i benderfynu dyfodol yr ardal wedi hynny. O ganlyniad i'r cytundeb, yn ei gyfanrwydd, roedd yr Almaen i golli 13% o'i thiriogaeth, gan gynnwys 75% o'i haearn crai, 20% o'i glo a 12% o'i phoblogaeth.

Ar ben hyn, roedd byddinoedd y Cynghreiriaid i reoli'r

talbontydd ar hyd y Rhein ac roedd y Rheinland i fod yn ardal ddi-filitaraidd am bymtheng mlynedd. Yn ôl y cytundeb rhaid oedd i'r Almaen gwtogi ei byddin i 100,000 o ddynion a chwtogi maint ei llynges. Gwaherddid i'r Almaen gael tanciau, awyrennau a phob arf ymosodol. Yn ogystal, rhaid oedd i'r Almaen drosglwyddo nifer o'i throseddwyr rhyfel, gan gychwyn gyda'r Caiser, i'r Cynghreiriaid er mwyn iddynt sefyll eu prawf. Roedd yr Almaen i golli'i holl drefedigaethau a gwaherddid iddi uno ag Awstria yn y dyfodol. Yr erthygl fwyaf dadleuol oedd Erthygl 231. Yn ôl yr erthygl hon rhaid oedd i'r Almaen, a'i chynghreiriaid, dderbyn y cyfrifoldeb am ddechrau'r rhyfel ac am yr holl ddinistr a cholled a ddioddefasai'r Cynghreiriaid yn ystod y rhyfel. Yn ogystal, rhaid oedd i'r Almaen dalu iawndal i'r Cynghreiriaid. Ni chyfeirid at unrhyw swm penodol yn y cytundeb ond disgwyliai'r Almaen orfod talu swm mawr nid yn unig mewn arian ond mewn nwyddau hefyd. Ar ben hynny, rhaid oedd i'r Almaen ddangos ei hedifeirwch cyn iddi gael mynediad i Gynghrair y Cenhedloedd.

YR ALMAEN YN DERBYN Y CYTUNDEB

Rhoddodd y Cynghreiriaid dair wythnos i'r Almaen gyflwyno sylwadau ysgrifenedig ar y cytundeb. Anfonodd yr Almaen nodiadau'n protestio am bob paragraff yn y cytundeb nad oedd yn plesio ac roedd i'r cytundeb sawl gwendid. Yn gyffredinol roedd yn groes i'r 'Pedwar Pwynt ar Ddeg' ac yn ddisynnwyr yn economaidd. Gan nad yr Almaen yn unig a oedd yn gyfrifol am achosi'r rhyfel roedd y cytundeb yn gwrth-ddweud ffeithiau hanes. Yn bwysicach fyth, o safbwynt dyfodol yr Almaen weriniaethol, dangosai'r cytundeb ddiffyg diddordeb yn nyfodol yr Almaen ddemocrataidd. Er i Brydain ddangos ei pharodrwydd i newid amodau'r cytundeb roedd Ffrainc yn amharod i ildio i brotestiadau'r Almaen. Un consesiwn yn unig a gafwyd, sef y dylid cynnal refferendwm i benderfynu dyfodol Silesia Uchaf. Ar y cyfan felly, roedd y telerau hyn yn gwbl annerbyniol i lywodraeth a phobl yr Almaen.

Roedd Ffrainc yn bygwth meddiannu'r Almaen yn gyfangwbl pe bai Llywodraeth Scheidemann yn gwrthod y cytundeb. Ymddiswyddodd Llywodraeth Scheidemann — hwn oedd yr argyfwng cabinet cyntaf yn hanes y Weriniaeth. Gwahoddwyd

Gustav Bauer, Gweinidog Llafur o'r MSPD, i ffurfio llywodraeth newydd, gyda Müller, hefyd o'r MSPD, yn Weinidog Tramor. Cyhoeddodd Llywodraeth Bauer ei pharodrwydd i dderbyn y cytundeb ar yr amod y byddai'r Cynghreiriaid yn diddymu'r erthyglau a oedd yn galw ar y llywodraeth i drosglwyddo troseddwyr rhyfel i'r Cynghreiriaid ynghyd â diddymu Erthygl 231. Gwrthododd y Cynghreiriaid.

Roedd Ebert yn barod i wrthod y cytundeb os oedd y fyddin o'r farn y gallai gwrthsafiad yr Almaen lwyddo. Wrth ateb ymholiad Ebert dywedodd Groener nad oedd y grym gan yr Almaen i rwystro Ffrainc rhag meddiannu'r wlad. O ganlyniad, rhoddodd y Cynulliad Cyfansoddedig fandad i'r llywodraeth arwyddo'r cytundeb. Y pleidiau a wrthwynebai oedd y Cenedlaetholwyr, Plaid y Bobl a rhai o'r Democratiaid a'r Zentrumspartei. Yr unig blaid i gefnogi arwyddo'r cytundeb o'r cychwyn cyntaf oedd y Sosialwyr Annibynnol a ddadleuai y byddai'n rhaid i'r Almaen arwyddo'n hwyr neu'n hwyrach, ac mai achosi mwy o ddioddefaint i'r Almaenwr cyffredin fyddai unig effaith oedi. Roedd agwedd realistig y Sosialwyr Annibynnol yn groes i ffantasïau'r Cenedlaetholwyr a nifer o swyddogion y fyddin. Ar Fehefin yr 28ain 1919 yn Neuadd y Drychau ym Mhalas Versailles arwyddodd dau aelod o lywodraeth yr Almaen Gytundeb Versailles. Roedd y Weriniaeth wedi cael cytundeb heddwch ar ddiwedd rhyfel a oedd wedi'i ddechrau gan yr Ymerodraeth. Er nad oedd gan yr Almaen unrhyw ddewis ond arwyddo, rhoddodd llofnod y ddau arf gref yn nwylo gelynion y Weriniaeth. Llwyddodd Cytundeb Versailles i boenydio Gweriniaeth Weimar ar hyd ei hoes.

PUTSCH KAPP

Daeth peryglon arwyddo'r cytundeb i ddyfodol y Weriniaeth i'r amlwg ar unwaith, a hynny o gyfeiriad swyddogion y *Reichswehr* (y fyddin). Hyd yn oed cyn i Lywodraeth Bauer dderbyn y cytundeb yr oedd nifer o gynllwynwyr yr adain dde wedi dod i'r amlwg drwy'r wlad. Aeth un grŵp o brif swyddogion y Reichswehr mor bell â chynllwynio i weithredu'n erbyn y llywodraeth er mwyn rhwystro arwyddo'r cytundeb ond llwyddodd arweinyddiaeth gref Noske a Groener i achub y dydd.

Wedi arwyddo'r cytundeb nid oedd raid i'r Almaen ddisgwyl yn hir cyn i'r dde ymateb yn filwriaethus.

Yr hyn a gynddeiriogai swyddogion y Reichswehr fwyaf oedd bwriad Llywodraeth Bauer i gwtogi ar faint y fyddin. Bwriadai'r llywodraeth gwblhau'r gwaith erbyn Mawrth y 10fed 1920. Daeth materion i ben pan orchmynnwyd dadfyddino'r lluoedd arfog a oedd dan arweiniad y Cadfridog von Luttwitz, gan gynnwys brigâd lyngesol Capten Erhardt. Gwrthododd Luttwitz y gorchymyn a chyflwynodd nifer o geisiadau bygythiol i'r llywodraeth. Y pwysicaf o'r rhain oedd cais ar i'r llywodraeth derfynu'r polisi o gwtogi ar y lluoedd arfog ar unwaith, cais am ddiswyddiad y Cadfridog Reinhardt, arweinydd y Reichswehr ers yr hydref blaenorol, a chais am etholiad cyffredinol newydd. Gwrthododd Ebert a gorchmynnodd Luttwitz i Erhardt orymdeithio i Berlin. Hwn oedd *Putsch* Kapp, ymgais i ddisodli Llywodraeth Bauer a sefydlu unbennaeth filwrol yn ei lle.

Ni allai'r llywodraeth yn Berlin ddibynnu ar gefnogaeth y fyddin i ddelio â'r gwrthryfel gan nad oedd aelodau'r lluoedd arfog yn barod i ymladd yn erbyn eu cydaelodau. Reinhardt yn unig a oedd yn barod i ddefnyddio grym yn erbyn y gwrthryfelwyr. Gadawodd y llywodraeth Berlin gan apelio ar y gweithwyr i streicio er mwyn gorchfygu'r gwrthryfelwyr ac amddiffyn y Weriniaeth. Cyhoeddodd y gwrthryfelwyr eu bod yn sefydlu llywodraeth filwrol gyda Dr Kapp, gwas sifil, yn Ganghellor a Luttwitz yn Weinidog Rhyfel. Ond yn wyneb streic gyffredinol diflannodd gobeithion Kapp a'i gefnogwyr ac wedi pum niwrnod ildiodd y gwrthryfelwyr.

Dangosai methiant y *Putsch* mai lleiafrif o'r dosbarth canol a'r Reichswehr a oedd yn barod i gefnogi gweithredu milwrol o'r math hwn — am y tro, beth bynnag. Dangosodd y barnwyr eu hamharodrwydd i gosbi eithafwyr y dde drwy farnu mai tri chynllwynwr yn unig a oedd yn euog o deyrnfradwriaeth. O'r 775 o swyddogion y Reichswehr a gymerodd ran yn y *putsch*, 13 yn unig a gosbwyd a phum mlynedd oedd cyfanswm eu dedfrydau. Yn Bafaria manteisiodd yr adain dde ar y digwyddiadau yn Berlin i ddisodli'r Prif Weinidog Hoffmann (Sosialydd Mwyafrifol). Apwyntiwyd Gustav Kahr yn ei le heb unrhyw aelodau o'r chwith yn ei gabinet — ergyd eto i'r Weriniaeth. Ar y llaw arall, dangosai'r *putsch* barodrwydd y dosbarth gweithiol a rhai mudiadau gwleidyddol i uno i amddiffyn y Weriniaeth rhag unrhyw fygythiad gwrthddemocrataidd. Ond prif wers y *putsch* i'r llywodraeth oedd y ffaith nad oedd arweinwyr y Reichswehr mor barod i gadw at gytundeb Tachwedd 1918 ag oedd Ebert. Roedd y Reichswehr yn barod i ymladd yn erbyn y gelyn ar y chwith ond nid yn erbyn y gelyn ar y dde.

GWRTHRYFEL Y RUHR

Yr ateb amlwg i'r broblem, fel y crybwyllid gan yr undebau llafur wedi'r *putsch*, oedd diwygio'r Reichswehr. Yn anffodus, collwyd pob cyfle i wneud hyn oherwydd digwyddiadau yn y Ruhr. Roedd y streic gyffredinol yn erbyn *Putsch* Kapp wedi codi gobeithion y Comiwnyddion unwaith yn rhagor a sefydlwyd Byddin Goch yn y Ruhr. Wedi methiant y *putsch* roedd y Fyddin Goch yn amharod i ildio'i harfau mor fuan wedi i deyrngarwch swyddogion y Reichswehr at y Weriniaeth ymddangos mor amheus. Mynnent y dylai'r llywodraeth weithredu ar unwaith i rwystro gwrthryfeloedd milwrol yn y dyfodol ac i gyflawni nifer o ddiwygiadau cymdeithasol. Er i'r Sosialwyr Mwyafrifol lwyddo i drefnu cyfaddawd (Cytundeb Bielefeld, Mawrth yr 21ain) ailddechreuodd yr ymladd. Aeth y Reichswehr a'r Frei Korps ati ar unwaith i gadw trefn yn y Ruhr gan ladd, yn ddidrugaredd, garcharorion a chlwyfedigion, gan gynnwys merched. Gyda gwrthryfel y Ruhr diflannodd y cyfle i'r llywodraeth ddisgyblu'r swyddogion a oedd wedi chwarae rhan amlwg yn *Putsch* Kapp. Mewn gwirionedd caed cynnydd ym mhŵer y Reichswehr wedi'r gwrthryfel wrth i Otto Gessler o'r Blaid Ddemocrataidd gymryd lle Noske y Gweinidog Amddiffyn. Hefyd penodwyd y Cadfridog von Seeckt yn arweinydd y Reichswehr wedi ymddiswyddiad Reinhardt. Roedd drwgdeimlad rhwng Gessler a Seeckt a rhoddodd hynny'r cyfle i Seeckt ddatblygu'r Reichswehr yn wladwriaeth o fewn y wladwriaeth.

Dangosai digwyddiadau 1920 oddefgarwch y Weriniaeth at y dde a'i brwdfrydedd wrth ddelio â'r chwith. O ganlyniad, collodd y llywodraeth gefnogaeth miloedd o bobl a oedd wedi amddiffyn y Weriniaeth. Byddai etholiad cyffredinol 1920 yn rhoi cyfle iddynt hwy, ac i weddill yr etholwyr, ddatgan eu barn am record y Weriniaeth hyd hynny.

BLYNYDDOEDD O ARGYFWNG (1920-23)

Wedi 1920 cynyddai problemau Gweriniaeth Weimar. Dramor dirywiai'r berthynas â Ffrainc ymhellach. Gartref cynyddai'r problemau economaidd a gwleidyddol ac roedd eithafiaeth wleidyddol yn parhau. Roedd y datblygiadau hyn i arwain at argyfwng a fygythiai fodolaeth y Weriniaeth.

ETHOLIAD 1920 —
LLYWODRAETH FEHRENBACH A'R IAWNDAL

Yn unol â'i haddewid i gynnal etholiad cyffredinol wedi *Putsch* Kapp galwodd y llywodraeth yr etholiad ar y 6ed o Fehefin 1920. Yn yr etholiad collodd pleidiau'r canol nifer o bleidleisiau ac o seddau i bleidiau eithafol y dde a'r chwith. Y prif reswm am hyn oedd methiant y llywodraeth i ddelio â phroblemau'r wlad wedi'r chwyldro. Parhâi'r Sosialwyr Mwyafrifol yn brif blaid y Reichstag, ond roeddynt wedi colli nifer o'u pleidleisiau i'r Sosialwyr Annibynnol ac i'r Blaid Gomiwnyddol, a oedd wedi sefyll mewn etholiad am y tro cyntaf. Ar y dde roedd cynnydd sylweddol yn y gefnogaeth i'r Blaid Genedlaethol a Phlaid y Bobl. Yn sgîl y datblygiadau hyn penderfynodd Ebert y byddai'r Sosialwyr Mwyafrifol yn ymuno â rhengoedd y gwrthbleidiau. O safbwynt dyfodol y Weriniaeth roedd penderfyniad yr MSPD yn gamgymeriad amlwg gan mai hi oedd y brif blaid a gefnogai'r Weriniaeth. Nid yw'n syndod felly i hanesydd fel Mann ddatgan i'r Weriniaeth ddemocrataidd sosialaidd beidio â bod ym 1920. Barn Rosenberg ar y llaw arall oedd mai trychineb i ddyfodol y Weriniaeth oedd yr etholiad.

Yn ystod y cyfnod hwn caed sawl datblygiad pwysig ymhlith y pleidiau eithafol. Ym 1920 penderfynodd adain chwith y Sosialwyr Annibynnol ymuno â'r KPD er mwyn sefydlu unbennaeth y proletariat. Rhoddodd hynny hanner miliwn o aelodau newydd i'r KPD yn ogystal â chyfundrefn effeithiol a swyddogion undeb mewn diwydiant. Ymunodd gweddill y Sosialwyr Annibynnol â'r MSPD ym 1922. Ar ôl hyn roedd dwy blaid ar y chwith — y KPD a'r SPD. Ar y dde sylweddolai'r Cenedlaetholwyr fod y Weriniaeth yn mynd i barhau, am y tro beth bynnag, a phenderfynasant gefnogi'r cyfansoddiad yn y gobaith y byddent yn ennill mwy o bleidleisiau.

O ganlyniad i'r etholiad, clymblaid leiafrifol oedd llywodraeth newydd y wlad yn dwyn ei haelodau o'r pleidiau bourgeois (y Democratiaid, Plaid y Bobl a'r Zentrumspartei). Y Canghellor oedd y Dr Konstantin Fehrenbach o'r Zentrumspartei, ac wynebai'i lywodraeth ef broblemau economaidd dyrys. Prif achos y problemau hyn oedd penderfyniad Llywodraeth yr Ymerodraeth i dalu am ymdrech ryfel yr Almaen trwy fenthyciadau yn hytrach na threthi. Camgymeriad arall ganddynt oedd y penderfyniad i ohirio'r cyfyngiad ar arian papur mewn cylchrediad a hwythau heb aur wrth gefn. O ganlyniad, syrthiodd gwerth y marc ar y farchnad ryngwladol ond ni effeithiwyd ar y dyn cyffredin tan ddiwedd y rhyfel. Yr hyn a oedd yn gyfrifol am waethygu'r sefyllfa wedi 1918 oedd yr iawndal, ac er nad oedd y Cynghreiriaid wedi cytuno ar swm penodol rhaid oedd i'r Almaen gychwyn talu ar unwaith. Nid oedd digwyddiadau fel *Putsch* Kapp a'r streic gyffredinol yn gymorth i'r llywodraeth ac wedi i'r Almaen fethu â thalu'n brydlon meddiannwyd trefi Düsseldorf, Duisburg a Ruhrohrt gan y Cynghreiriaid ym Mawrth 1921. I ychwanegu at broblemau Llywodraeth Fehrenbach cyhoeddwyd adroddiad Pwyllgor Iawndal y Cynghreiriaid — roedd yr Almaen i dalu 132 biliwn marc aur dros gyfnod o ddeng mlynedd ar hugain gyda rhandal cyntaf o 2 biliwn. Ymddiswyddodd Llywodraeth Fehrenbach. Ymateb y Cynghreiriaid oedd Wltimatwm Llundain — rhaid oedd i'r Almaen dderbyn adroddiad y Pwyllgor, dadfyddino pob llu arfog answyddogol a throsglwyddo troseddwyr rhyfel i'r Cynghreiriaid o fewn chwe niwrnod neu byddai'r Cynghreiriaid yn meddiannu'r Ruhr.

LLYWODRAETH JOSEPH WIRTH

Roedd Joseph Wirth, y Canghellor newydd, yn ŵr iau na Dr Fehrenbach ac yn aelod o adain chwith y Zentrumspartei. Llwyddodd Wirth i atgyfodi Clymblaid Weimar (y Democratiaid, y Zentrumspartei a'r SPD) gan ddangos unwaith yn rhagor mai'r pleidiau gweriniaethol yn unig a oedd yn barod i amddiffyn yr Almaen weriniaethol. Un o'r gwŷr pwysicaf yn

Llywodraeth Wirth oedd Walther Rathenau a gredai mewn polisi o *Erfüllungspolitik* (cyflawniad) tuag at Gytundeb Versailles. Bwriadai Rathenau ddangos mai amhosibl oedd cyflawni gofynion y cytundeb, er maint ymdrechion yr Almaen. O ganlyniad, derbyniwyd cynllun yr iawndal gan y Reichstag o 220 o bleidleisiau i 170 ar y ddealltwriaeth y byddai dyfodol Silesia Uchaf o fewn y Reich yn ddiogel.

Ond ar waethaf sefydlu'r llywodraeth newydd yr oedd tyndra'n parhau yn yr Almaen. Cynddeiriogwyd nifer o genedlaetholwyr yr Almaen gan y penderfyniad i dderbyn cynllun iawndal y Cynghreiriaid ac er na chefnogai'r Cenedlaetholwyr drais, llwyddasant i gynhyrfu eithafwyr angerddol y dde. Un o'r grwpiau gwrthweriniaethol hyn oedd y Gyfundrefn Consul. Ar Awst yr 28ain 1921 bradlofruddiwyd Matthias Erzberger, un o lofnodwyr Cytundeb Versailles, gan y Gyfundrefn Consul yn y Fforest Ddu. Gorfodwyd Gustav Kahr, Prif Weinidog Bafaria, i ymddiswyddo oherwydd i'r ddau fradlofrudd gael cymorth swyddogol wrth iddynt ddianc. Olynydd Kahr oedd y gweriniaethwr, von Lerchenfeld. Mynegai'r pleidiau gweriniaethol a'r Cenedlaetholwyr eu dicter at y llofruddiaeth ond ni fu unrhyw adwaith cyffredinol yn erbyn eithafwyr y dde, yn bennaf oherwydd digwyddiadau fel y referendwm dros ddyfodol Silesia Uchaf.

Yng Nghytundeb Versailles yr oedd yr egwyddor wedi'i dderbyn y dylid cynnal referendwm i benderfynu dyfodol Silesia Uchaf, sef rhanbarth Almaenaidd a hawlid gan Wlad Pŵyl. Gyda chymysgedd o Almaenwyr a Phwyliaid yn y trefi ac yng nghefn gwlad ni lwyddodd referendwm Mawrth 1921 i ddatrys problem dyfodol y rhanbarth. Ymyrrodd Cynghrair y Cenhedloedd er mwyn ceisio datrys y broblem. Lluniodd y Gynghrair ffin a fyddai'n rhoi hanner y diriogaeth i Wlad Pŵyl, gan gynnwys 75% o ddiwydiannau a mwynfeydd y rhanbarth a dwy dref gwbl Almaenig. Yn ôl yr Almaen roedd dyfarniad y Gynghrair yn annheg ac ymddiswyddodd Cabinet Wirth ar y 26ain o Hydref 1921.

YR *ERFÜLLUNGSPOLITIK* A CHYTUNDEB RAPALLO

Gofynnodd Ebert i Wirth ffurfio cabinet newydd. Y tro hwn ni ymaelododd y Democratiaid â'r llywodraeth er i Rathenau a

Gessler (Gweinidog Amddiffyn) barhau yn y cabinet fel aelodau preifat. Y brif broblem a wynebai llywodraeth leiafrifol Wirth oedd yr economi a gorfodwyd yr Almaen i ofyn am foratoriwm ar yr iawndaliadau a oedd yn ddyledus yn Ionawr a Chwefror 1922. Cytunodd Lloyd George ac Aristide Briand i'r cais mewn cyhadledd economaidd yn Cannes yn Ionawr 1922. Gyda'r Almaen a Rwsia yn cymryd rhan yn y gynhadledd roedd gobeithion yr Almaen yn uchel, ond gyda Raymond Poincaré yn disodli Briand fel arweinydd Ffrainc yng nghanol y gynhadledd caledodd agwedd Ffrainc. Credai Poincaré fod yr Almaen yn dilyn 'polisi' o ddinistrio'r marc yn fwriadol a rhoddodd wybod i'r Almaen y byddai'n rhaid iddi gynyddu ei hincwm trwy drethu os oedd am foratoriwm yn y dyfodol. Gwrthododd y llywodraeth gynnig Poincaré gan ei fod yn ymyrryd ym materion mewnol yr Almaen.

Ar ddiwedd Ionawr 1922 apwyntiwyd Rathenau yn Weinidog Tramor. Bwriadai ddilyn polisi o *Erfüllungspolitik* yn y gobaith y byddai hynny'n arwain y Cynghreiriaid i leddfu ychydig ar oblygiadau ariannol Cytundeb Versailles. Ar y llaw arall galwai sawl grŵp o fewn yr Almaen, am amryw resymau, am gytundeb â Rwsia. Credai'r Cenedlaetholwyr, er enghraifft, y byddai cytundeb â Rwsia gomiwnyddol yn cryfhau safle'r Almaen mewn unrhyw drafodaethau â phwerau'r gorllewin. I von Seeckt, arweinydd y Reichswehr, byddai cytundeb o'r fath yn ddull llawer mwy effeithiol o osgoi goblygiadau Cytundeb Versailles na'r *Erfüllungspolitik*. Yn ddigon naturiol roedd y KPD o blaid cytundeb â Rwsia fel cam pwysig at sefydlu comiwnyddiaeth yn yr Almaen.

Yn Ebrill 1922 cyfarfu'r ail gynhadledd economaidd ryngwladol, y tro hwn yng Ngenoa. Gobaith y cynrychiolwyr yn y gynhadledd oedd sicrhau *rapprochement* â Rwsia ond gwrthodai Ffrainc dderbyn cynnwys mater yr iawndal ar yr agenda. Un rhan bwysig o'r cyfarfod oedd y trafodaethau rhwng Prydain a Rwsia, gan gynnwys mater dyledion rhyfel Rwsia i Brydain. Yn naturiol nid oedd yr Almaen yn rhan o'r trafodaethau hyn ond ofnai Rathenau fod Lloyd George yn ei anwybyddu'n fwriadol ac ofnai y byddai Rwsia a Phrydain yn dod i gytundeb ar draul yr Almaen. Cymerodd cynrychiolwyr Rwsia fantais o bryderon yr Almaen drwy gynnig cytundeb gwleidyddol ac economaidd i'r Almaen. Derbyniodd Rathenau y cynnig. Cytundeb Rapallo oedd hwn, a llwyddodd i suro'r berthynas rhwng yr Almaen a'r Cynghreiriaid unwaith yn rhagor. Yn ôl y cytundeb nid oedd Rwsia i hawlio iawndal oddi wrth yr Almaen, tra oedd yr Almaen i ymwrthod â'i hawl i gael ad-daliad o ddyledion Rwsia iddi o'r cyfnod cyn 1914 ac o ganlyniad i Chwyldro 1917. Nid yw telerau'r cytundeb o fawr bwys gan ei bod hi'n amlwg mai mympwy Rathenau oedd y gwir symbyliad i'r Almaen arwyddo'r cytundeb. Eto daeth y cytundeb â sawl mantais i'r Almaen. Llwyddodd i ddangos i bwerau'r gorllewin y gallai'r Almaen ddilyn polisi tramor annibynnol a dechreuodd gyfnod newydd yn y berthynas rhwng yr Almaen a Rwsia. Yn ogystal, roedd y cytundeb o fudd i Seeckt a'r Reichswehr. Er nad oedd y cytundeb yn fygythiad difrifol i ymdrechion Rathenau i gyrraedd cytundeb â phwerau'r gorllewin ar fater yr iawndal, credai Poincaré fod Rapallo yn rhan o gynllwyn yn erbyn Cytundeb Versailles. Credai Lloyd George mai Cytundeb Rapallo a oedd yn gyfrifol am benderfyniad Ffrainc i ymosod ar y Ruhr. Ond er holl ragoriaethau'r cytundeb i'r Almaen ni arweiniodd at unrhyw welliannau amlwg gartref.

EFFAITH RAPALLO AR YR ALMAEN

I fudiadau eithafol y dde roedd Rathenau yn fwch dihangol am holl fethiannau'r Almaen dramor gan gynnwys Cytundeb Versailles a'r iawndal. Ar y 24ain o Fehefin 1922, wrth iddo deithio yn ei gar agored i'w swyddfa yng nghanol dinas Berlin, dilynwyd Rathenau gan dri aelod o'r Gyfundrefn Consul. Taflodd un ohonynt fom llaw i'r car tra saethodd un arall at y car â dryll peiriant. Bu farw Rathenau'n syth. Yn ystod y prynhawn safodd Wirth yn y Reichstag gan ddatgan "Mae'r gelyn ar y dde". Effeithiodd y fradlofruddiaeth ar yr Almaen yn syth wrth i werth y marc ar y cyfnewidfeydd stoc rhyngwladol ostwng. Er mwyn cadw'r sefyllfa dan reolaeth, a chadw hyder gweddill y byd, defnyddiodd Ebert ei bwerau arbennig fel Arlywydd. Gorchmynnwyd i lywodraethau'r Länder ddelio'n gadarn ag unrhyw fudiadau gwrthweriniaethol. Bafaria oedd cartref nifer o'r mudiadau anghyfreithlon hyn. Ymhlith y rhain roedd y *Nationalsozialistische Deutsche Arbeiterpartei* (yr NSDAP — Plaid Genedlaethol Sosialaidd Gweithwyr yr Almaen), sef y

Natsïaid, dan arweinyddiaeth Adolf Hitler. Oherwydd diffyg cefnogaeth ariannol cydweithredai'r Natsïaid â nifer o fudiadau eraill y dde. Rhoddodd gorchymyn Ebert gefnogwyr eithafwyr yr asgell dde yn Bafaria mewn sefyllfa anodd. O ganlyniad, aeth senedd Bafaria ati i orfodi von Lerchenfeld, Prif Weinidog Bafaria, i gyhoeddi gorchymyn argyfwng a ddiddymai orchymyn argyfwng Ebert. Roedd Ebert yn bygwth defnyddio grym milwrol yn erbyn Bafaria ond ar ôl iddo ddatgan y byddai'n barod i drafod y sefyllfa daeth y ddwy ochr i gytundeb. Dilewyd gorchymyn argyfwng Bafaria a rhoddodd y Reich hawliau arbennig i heddlu a barnwyr gwlad Bafaria. Felly roedd Bafaria'n parhau'n ganolfan i fudiadau'r dde a disodlwyd Lerchenfeld gan Eugen von Knilling a oedd dan ddylanwad y cyn Brif Weinidog, Gustav Kahr.

Dwysâi'r awyrgylch o argyfwng gwleidyddol yn yr Almaen wrth i ddirywiad yr economi barhau. Cadarnhau dirywiad cyffredinol yng ngwerth y marc a wnai'r gostyngiad yn ei gwerth ar y cyfnewidfeydd rhyngwladol wedi bradlofruddiaeth Rathenau. Ond nid oedd agwedd hunanol amaethyddiaeth, diwydiant a masnach o gymorth i'r llywodraeth yn ei hymdrechion i adfer economi'r wlad. Gyda'r bygythiad i wladoli wedi diflannu, dangosai'r ffermwyr, er enghraifft, agwedd herfeiddiol at y llywodraeth a rwystrai unrhyw ddatblygiadau mewn amaethyddiaeth. Er i effeithlonrwydd diwydiant wella dan Rathenau manteisiodd y cyflogwyr ar y cynnydd yn nifer y di-waith i rwystro'r llywodraeth rhag cyflwyno mwy o fesurau cymdeithasol. Ar y cyfan gwrthodai arweinwyr bancio a masnach unrhyw awgrym y dylent hwy gyfrannu at ddatrys problemau economaidd y wlad. Yn eu barn hwy, eraill a ddylai aberthu a phroblem y llywodraeth oedd yr economi, nid eu problem hwy.

LLYWODRAETH CUNO:
FFRAINC YN MEDDIANNU'R RUHR

Gyda'r dirywiad economaidd yn parhau roedd yn allweddol i'r llywodraeth sicrhau normalrwydd gwleidyddol. O ganlyniad, er bod cyfnod Ebert fel Arlywydd yn dirwyn i ben, cytunodd y Reichstag i ymestyn ei Arlywyddiaeth hyd at 1925 er mwyn osgoi etholiad am yr Arlywyddiaeth gan y byddai hynny'n siwr o ddwysáu'r tensiwn gwleidyddol. Gyda'r bwriad o gryfhau'r llywodraeth gwahoddodd Wirth yr SPD i ymuno â hi. Gwrthodasant y cynnig oherwydd eu gwrthwynebiad i bolisïau cymdeithasol Plaid y Bobl. Ymddiswyddodd Wirth a phenderfynodd Ebert wrando ar yr alwad gyffredinol am gabinet o wŷr busnes a fyddai'n rheoli'r wlad yn fwy effeithiol na'r gwleidyddion. Felly, ar yr 16eg o Dachwedd 1922, am y tro cyntaf yn hanes y Weriniaeth, ffurfiwyd llywodraeth amhleidiol. Ond llywodraeth asgell dde oedd hi mewn gwirionedd, dan arweinyddiaeth Dr Wilhelm Cuno, rheolwr gyfarwyddwr un o gwmnïau llongau mwyaf yr Almaen. Yn ddigon naturiol llywodraeth leiafrifol oedd Cabinet y Gwŷr Busnes. Ond ar waethaf natur ei gabinet, ni allai Cuno ddibynnu ar gefnogaeth arweinwyr masnach a diwydiant gan eu bod yn gwrthwynebu unrhyw lywodraeth nad oedd yn sicrhau pŵer iddynt hwy.

Y brif broblem a wynebai Cuno oedd ymosodiad Ffrainc a Belg ar y Ruhr. Er i Poincaré gymryd yr awenau yn Ffrainc yn Ionawr 1922 daeth yn amlwg y byddai'n defnyddio unrhyw esgus i osod sancsiynau economaidd ar yr Almaen. Gwaethygai'r berthynas rhwng y ddwy wlad oherwydd eu hystyfnigrwydd. O ganlyniad, wedi i'r Almaen fethu â throsglwyddo nifer penodol o bolion teligraff, penderfynodd Ffrainc, gyda chefnogaeth y Belgiaid, ymosod ar y Ruhr a'i meddiannu ar yr 11eg o Ionawr 1923. Ymateb Cuno oedd datgan polisi o wrthwynebiad goddefol. Gwrthododd y boblogaeth gydweithredu â byddinoedd Ffrainc a Belg, aeth y glowyr a'r gweithwyr rheilffyrdd ar streic a gwrthododd y gweision sifil dderbyn gorchmynion y Ffrancwyr. Bu gwrthwynebiad milwriaethus hefyd. Mewn un digwyddiad yn ffatri Krupps yn Essen saethodd milwyr Ffrengig bymtheg o weithwyr yn farw, ac anafu dros hanner cant yn ychwaneg. Rhwng pob dim lladdwyd dros 100 o Almaenwyr, ac arestiwyd dros 100,000 yn ystod cyfnod y meddiannu.

DIRWASGIAD 1923

O ganlyniad i'r polisi o wrthwynebiad goddefol roedd cwymp arian bath yr Almaen yn anochel. Rhaid oedd i'r llywodraeth roi cefnogaeth ariannol i'r rhai a gefnogai'i pholisi yn y Ruhr. Roedd prynu glo tramor, oherwydd y streic lo yn y Ruhr, yn gostus iawn a chynyddodd diweithdra drwy'r Almaen. Methodd y llywodraeth â diwygio'r system drethi er mwyn sicrhau arian digonol ar gyfer ei hanghenion arbennig yn ystod yr argyfwng a pharhâi agwedd hunanol arweinwyr diwydiant a masnach, er gwaethaf holl broblemau'r llywodraeth. Erbyn yr haf roedd y polisi o wrthwynebiad goddefol yn costio deugain miliwn marc y dydd i'r llywodraeth. Penderfynodd Cuno droi at y wasg argraffu er mwyn datrys ei broblemau ariannol. Roedd y canlyniadau'n drychinebus. Ymhen dim dro nid oedd arian papur o unrhyw werth ymarferol ac aeth yn rhy swmpus i'w gario. Erbyn tua diwedd cyfnod y chwyddiant roedd gwerth y marc yn gostwng wrth yr awr.

Diogelid rhai rhag effeithiau'r chwyddiant. Ni chafodd y dirwasgiad lawer o effaith ar berchenogion eiddo mawr gan fod eu cyfoeth hwy wedi ei fuddsoddi mewn eiddo gwirioneddol. Gellid talu trethi mewn arian bath a oedd wedi colli ei werth a gallai perchenogion eiddo gael credyd gan y banciau er mwyn ehangu eu safleoddd diwydiannol a buddsoddi mewn rhagor o eiddo. Wynebai'r dosbarth canol, ar y llaw arall, drafferthion ariannol enbyd wrth i fasnachwyr a gwŷr busnes bychain fethu â chael credyd. Dioddefai'r bobl hynny a oedd ar incwm penodol hefyd gyda'r henoed a'r gweddwon yn dioddef waethaf. Ar ddechrau'r chwyddiant llwyddai gweithwyr llaw i osgoi llawer o drafferthion ariannol oherwydd gwaith yr undebau llafur ond unwaith y dechreuodd effeithiau'r dirwasgiad frathu, gwaethygodd eu sefyllfa hwythau hefyd. Oherwydd i gyflogwyr anwybyddu'r egwyddorion hynny a sefydlasid ym 1918-19 daeth y diwrnod gwaith deng awr yn gyffredin drwy'r Almaen a wynebai'r undebau llafur nifer o broblemau yn eu hymdrechion i ddiogelu swyddi.

Wrth i gostau ysbytai a meddygon gynyddu daeth triniaeth feddygol ddigonol y tu hwnt i gyrraedd miliynau o bobl a hynny mewn cyfnod pan oedd diffyg maeth yn gyffredin. Ailymddangosodd nifer o'r afiechydon a oedd yn gyffredin yn ystod gwarchae llyngesol y Cynghreiriaid yn ystod y Rhyfel Mawr. Caed cynnydd yn nifer y marwolaethau yn y dinasoedd a chynnydd sylweddol yn yr achosion o hunanladdiad a marwolaethau o newyn. Dioddefai plant yn enwedig ac yn Berlin amcangyfrifwyd fod 22% o'r bechgyn a 25% o'r genethod yn yr ysgolion elfennol yn llai o ran taldra a phwysau na'r cyffredin. Roedd cynnydd yn yr achosion o'r diciâu a'r llechau hefyd.

Rhwng Mehefin ac Awst 1923 roedd nifer o streiciau ym mhob rhan o'r wlad. Cerddodd miloedd o weithwyr diwydiannol a mwynwyr allan o'u gwaith yn Silesia Uchaf ym Mehefin ac aeth llongwyr masnachol ar streic yn Bremen, Hamburg ac Emden a gweithwyr metal yn Sacsoni, Brandenburg a Mecklenburg. Lledaenodd yr anghydfod ym myd amaeth o Silesia i rannau eraill o'r wlad gan droi'n filwriaethus. Erbyn Awst ymddangosai streic gyffredinol yn bosibl wrth i argraffwyr, gweithwyr rheilffyrdd, gweithwyr yn y gorsafoedd pŵer a staff ysbytai fynd ar streic yn Berlin. Roedd y KPD yn elwa ar y datblygiadau hyn ac am y tro cyntaf daeth y Natsïaid yn weithgar y tu allan i Bafaria. Ofnai sawl plaid y byddai'r Almaen yn colli'r Ruhr am byth. Ar Awst yr 11eg cyhoeddodd yr SPD nad oeddynt yn barod i gefnogi Llywodraeth Cuno mwyach.

GUSTAV STRESEMANN YN GANGHELLOR

Gustav Stresemann oedd dewis unfrydol y pleidiau cymhedrol i olynu Cuno. Dibynnai llwyddiant y Canghellor newydd, ym mhob maes, ar ei allu i ddatrys y broblem o sefydlogi'r marc. Ond er mwyn gwneud hynny rhaid oedd delio â phroblem y Ruhr. Yno roedd y polisi o wrthwynebiad goddefol wedi methu â sicrhau ymadawiad y Ffrancwyr, ond erbyn hyn, roedd i'r polisi bwysigrwydd symbolaidd i'r Almaenwyr. Roedd Stresemann yn dangos cryn ddewrder, felly, pan benderfynodd derfynu'r polisi o wrthwynebiad goddefol ar y 26ain o Fedi. Er i'r eithafwyr, a nifer o wŷr cymhedrol, ymosod yn chwyrn arno, rhoddai'r penderfyniad gyfle i Stresemann ganolbwyntio ar ddatrys problemau ariannol yr Almaen. Sefydlwyd banc newydd, y *Deutsche Rentenbank*, a chyhoeddwyd arian bath newydd, y *Rentenmark*, mewn symiau penodol ac aethpwyd ati i dafoli'r gyllideb ac o ganlyniad daeth y chwyddiant o dan reolaeth. Y gŵr tu cefn i lwyddiant y polisi o ddiwygio'r arian bath oedd Dr Hjalmar Schacht, aelod o fwrdd cyfarwyddwyr un o fanciau mwyaf yr Almaen, a oedd wedi'i benodi'n Gomisiynydd yr Arian Bath gyda phwerau arbennig.

Tra oedd Schacht yn ceisio datrys problemau ariannol y wlad, wynebai'r Weriniaeth ei bygythiad mwyaf difrifol ers y Spartakus a Kapp. Yn Bafaria roedd y Prif Weinidog, von Knilling, wedi cyhoeddi stad o argyfwng ac apwyntiwyd von Kahr yn

Gomisiynydd y Wladwriaeth gyda phwerau gweithredol llawn o fewn Bafaria. Roedd hyn yn her agored i lywodraeth y Reich. Datganodd Cadlywydd Reichswehr Bafaria, Lossow, nad oedd bellach dan orchymyn arweinydd cenedlaethol y Reichswehr, sef von Seeckt. Gofynnodd Stresemann i Ebert gyhoeddi stad o argyfwng dros yr Almaen gyfan a rhoddwyd pŵer gweithredol llawn i Gessler, y Gweinidog Amddiffyn, a throsglwyddwyd y pŵer hwn (i bob pwrpas) i ddwylo von Seeckt. Unwaith yn rhagor roedd von Seeckt yn amharod i ddefnyddio'r Reichswehr i ymladd yn erbyn y Reichswehr yn Bafaria. Ar yr un pryd roedd problem wahanol yn datblygu yn Sacsoni a Thuringia lle roedd clymblaid o Sosialwyr a Chomiwnyddion yn bygwth chwyldro. Ar Hydref y 23ain a'r 24ain methodd *putsch* gan y Comiwnyddion yn Hamburg. Credai Llywodraeth Stresemann mai rhagflas oedd hyn o '*coup*' comiwnyddol yn Sacsoni a Thuringia. Sylweddolai Stresemann nad oedd munud i'w golli pan glywodd fod Kahr yn casglu byddin ar y ffin â Sacsoni a Thuringia yn barod i adfer trefn yno. Ar y 29ain o Hydref gorchmynnodd Stresemann i'r Reichswehr ddisodli llywodraethau Sacsoni a Thuringia. Protestiodd yr SPD yn erbyn penderfyniad Stresemann i ddisodli llywodraethau cyfansoddiadol tra nad oeddid yn gwneud dim ynglŷn â llywodraeth anghyfansoddiadol Bafaria. Ymateb Stresemann oedd nad oedd Bafaria'n gymaint o fygythiad i'r Reich â llywodraeth asgell chwith eithafol a chefnogaeth ryngwladol (h.y. comiwnyddol) ganddi. Ymddiswyddodd yr SPD o'r llywodraeth mewn protest.

Llwyddodd ymddiswyddiad yr SPD i liniaru ofnau Llywodraeth Kahr-Lossow fod Berlin yn nwylo Comiwnyddion. Ond nid oedd hyn yn ddigon i'r Natsïaid a'r hilyddion, a daeth uchafbwynt argyfwng Bafaria gyda '*Putsch* Neuadd Gwrw' y Natsïaid yn Munich yn hwyr ar yr 8fed o Dachwedd. Enillodd Hitler a'i ddilynwyr gefnogaeth Kahr, Lossow a Ludendorff i'r *putsch* ond nid oedd gan Kahr na Lossow unrhyw fwriad i gefnogi Hitler. Gorchmynnwyd i heddlu Bafaria fyddino a throsglwyddwyd y pŵer gweithredol a rheolaeth lwyr ar y Reichswehr i Seeckt gan y llywodraeth yn Berlin. Mae'n eironig i Seeckt dderbyn pŵer unbenaethol er mwyn amddiffyn y cyfansoddiad a'r Weriniaeth. Y diwrnod canlynol rhoddodd heddlu Bafaria ben ar gynlluniau Hitler.

Mae canlyniadau'r *putsch* yn dangos, unwaith yn rhagor, safonau deublyg y Weriniaeth. Ni erlyniwyd Kahr am deyrnfradwriaeth na Lossow am wrthryfela. Defnyddiodd Hitler ei achos llys i ddwyn sylw'r wasg ato'i hun, ac i bum mlynedd o garchar yn unig y'i dedfrydwyd. Ar y llaw arall roedd llywodraeth y Reich wedi disodli llywodraethau cyfansoddiadol Sacsoni a Thuringia trwy rym. Dangosai holl ddigwyddiadau'r misoedd o Fedi hyd Dachwedd fod llywodraeth ddemocrataidd yr Almaen yn dibynnu ar gefnogaeth y Reichswehr.

Y FFYNIANT ARWYNEBOL (1924-29)

Roedd y blynyddoedd rhwng 1924 a 1929 yn gyfnod o sefydlogrwydd arwynebol gartref a llwyddiant ysgubol dramor. Gyda methiant unrhyw lywodraeth i barhau mwy na deunaw mis, a gyda'r mwyafrif ohonynt yn llywodraethu lleiafrifol a ddibynnai ar gefnogaeth yr SPD, nid yw'n syndod i ddemocratiaeth seneddol ddirywio yn ystod y blynyddoedd hyn. Tueddai pob llywodraeth i fyw o ddydd i ddydd dan fygythiad beunyddiol o bleidlais o ddiffyg hyder yn ei herbyn. Roedd Rudolf Hilferding o'r SPD yn ymwybodol o'r broblem a datganodd fod ei blaid ef, yn ei hymdrechion i ddiogelu'i buddiannau'i hun fel plaid, yn anghofio bod dyfodol sosialaeth yn dibynnu ar oroesiad y Weriniaeth. Ond gan fod y Weriniaeth yn ymddangos fel pe bai'n ffynnu'n economaidd yn ystod y blynyddoedd hynny nid oedd yr ansefydlogrwydd gwleidyddol yn amlwg. Yr unig faes lle profid gwir lwyddiant yn ystod y blynyddoedd hyn oedd yn y polisi tramor a oedd yn nwylo Gustav Stresemann. Bwriad polisi *Verständigungspolitik* Stresemann oedd ennill sofraniaeth ac annibyniaeth lwyr i'r Almaen a'r unig ffordd i wneud hynny oedd trwy gyrraedd amcanion penodol megis terfynu'r iawndal. Llwyddodd Stresemann i gyrraedd nifer o'i amcanion oherwydd ei allu diplomyddol ei hun a'r berthynas anghyson rhwng Prydain a Ffrainc, er iddo wynebu ymosodiadau'r asgell dde a'r KPD gartref. O ganlyniad, erbyn 1929, llwyddodd y Dirwasgiad Mawr a marwolaethau Ebert a Stresemann i ddangos mai pethau arwynebol oedd y ffyniant economaidd a'r derbyn ar ddemocratiaeth seneddol.

ETHOLIAD CYFFREDINOL MAI 1924

Ar y 23ain o Dachwedd 1923 methodd Stresemann ag ennill pleidlais o hyder yn ei lywodraeth, yn bennaf oherwydd gwrthwynebiad yr SPD. Ffurfiwyd llywodraeth newydd gan Wilhelm Marx, arweinydd y Zentrumspartei, a oedd i reoli'r wlad gyda chymorth y Ddeddf Alluogi a goddefgarwch yr SPD. Yn gynnar ym 1924, wedi i'r Sosialwyr wrthod â derbyn estyniad ar y Ddeddf Alluogi, pennwyd y 4ydd o Fai yn ddyddiad ar gyfer etholiad cyffredinol.

Yn ddigon naturiol, digwyddiadau 1923, ac yn enwedig Adroddiad Pwyllgor Dawes ar yr Iawndaliadau, a chwaraeai'r rhan amlycaf yn ystod ymgyrch yr etholiad. Bwriad argymhellion Pwyllgor Dawes oedd cynnig ateb dros dro i drafferthion yr Almaen ynglŷn â'r iawndal. Awgrymai'r pwyllgor ostyngiad yn y blwydd-daliadau am bedair blynedd gyda chynlluniau ar gyfer blwydd-daliadau uwch pe bai economi'r Almaen yn ffynnu. O ffynonellau traddodiadol roedd yr arian ar gyfer y taliadau i ddod. Apwyntiwyd Americanwr, Parker Gilbert, i oruchwylio'r trefniadau hyn ac roedd ganddo hawliau cyffredinol dros y Reichsbank a'r *Reichsbahn* (rheilffyrdd yr Almaen). Derbyniodd llywodraeth yr Almaen yr argymhellion hyn ar yr amod y byddai unrhyw drafodaethau yn y dyfodol yn cynnwys mater gafael Ffrainc ar y Ruhr. Derbyniwyd yr argymhellion gan lywodraethau'r Cynghreiriaid hefyd.

Ond gartref roedd gwrthwynebiad ffyrnig i'r llywodraeth, gydag eithafwyr y dde a'r chwith yn cefnogi cyhuddiad y Cenedlaetholwyr fod Stresemann wedi ail gychwyn y polisi o *Erfüllungspolitik* trwy roi'r Reichsbank a'r Reichsbahn dan reolaeth pwerau tramor. Ymateb Stresemann oedd y byddai'r argymhellion yn rhoi cyfle i'r Almaen adfer sefydlogrwydd economaidd a gwleidyddol. Yn bersonol credai Stresemann y byddai'r cynllun yn arwain at ostyngiadau pellach yn yr iawndal yn y dyfodol. O gofio'r cefndir hwn roedd canlyniadau'r etholiad cyffredinol yn ergyd drom i'r pleidiau cymedrol. Yr unig blaid weriniaethol i ddal ei thir oedd y Zentrumspartei. Llwyddodd y Natsïaid a'r Grwpiau Hiliol, trwy ymgyrchu'n un "bloc", i ennill 32 o seddau a'r KPD 62, tra cynyddodd cynrychiolaeth y Cenedlaetholwyr hefyd. Gorfodwyd Marx, felly, i ffurfio llywodraeth leiafrifol a ddibynnai ar ewyllys da'r Sosialwyr.

CYNLLUN DAWES

Yn ffodus iawn i Marx roedd y pwerau mawr am ei gynorthwyo yn ei ymdrechion i sicrhau bod Cynllun Dawes yn cael ei fabwysiadu. Yn Awst mabwysiadodd Cynhadledd Ryngwladol brif argymhellion Pwyllgor Dawes a rhoddodd Ffrainc, dan arweinyddiaeth Herriot, gonsesiwn pwysig i'r Almaen — pe bai'r Almaen yn methu â chyflawni'i hymrwymiadau ariannol yn y dyfodol byddai'r mater yn cael ei gyfeirio at lys canoli dan gadeiryddiaeth yr Unol Daleithiau. Yn ogystal, roedd Herriot yn barod i adael yr ardal o amgylch Dortmund fel cam cyntaf ymadael yn llwyr â'r Ruhr. Roedd hyn i'w gwblhau o fewn blwyddyn. Er i'r Reichstag dderbyn Cynllun Dawes, method y mesur i forgeisio'r Reichsbahn ag ennill y mwyafrif angenrheidiol o ⅔. Roedd hynny yn ei dro yn perygu Cynllun Dawes gan fod rhaid i'r Almaen dderbyn yr holl argymhellion. Er mwyn sicrhau y derbynid y cynllun roedd Ebert yn bygwth galw etholiad cyffredinol arall pe bai'r Reichstag yn gwrthod ei dderbyn. Ofnai'r Cenedlaetholwyr na fyddent yn gallu ailadrodd eu llwyddiant etholiadol ac wedi i Marx addo swyddi iddynt yn y llywodraeth nesaf, rhoddasant eu cefnogaeth i'r mesur. O ganlyniad, derbyniwyd Cynllun Dawes ar Awst yr 28ain, 1924.

Roedd y cynllun yn hollbwysig i ddyfodol Gweriniaeth Weimar gan iddo ryddhau'r Ruhr a chlymu pwerau tramor wrth ddyfodol economaidd yr Almaen. Arweiniodd hynny yn ei dro, gyda gwaith pwysig gan Stresemann, at gyfnod o adferiad economaidd. Wedi Cynllun Dawes roedd economi'r Almaen yn ffynnu'n gyffredinol gyda chynhyrchu glo a dur yn dyblu, er enghraifft. Daeth y ffyniant yn sgîl masgynhyrchu a'r rhesymoli ar ddiwydiant ar yr un llinellau â'r Unol Daleithiau. Er i ddiweithdra barhau'n broblem roedd gwelliant amlwg yn safonau byw mwyafrif y gweithwyr wrth i'r Länder adeiladu ysbytai, ysgolion, fflatiau a ffyrdd, ac roedd trydan yn cael ei ledaenu drwy'r wlad. Ar yr wyneb roedd economi'r Almaen yn ffynnu yn ystod y blynyddoedd hyn, ond mewn gwirionedd parhâi'r Almaen i fyw y tu hwnt i'w gallu drwy ddibynnu ar gredyd gan wledydd tramor. Rhaid oedd disgwyl tan 1929 cyn i'w hallforion ddod yn gyfwerth â'i mewnforion a rhwng 1924 a 1931 roedd benthyciadau'r Almaen ddwywaith gymaint â'i gwariant. Rhaid oedd i'r Almaen fenthyca arian o dramor os oedd am dalu'r iawndal a chynnal sefydlogrwydd economaidd gartref ond roedd tua hanner y benthyciadau hyn yn fenthyciadau tymor byr. Rhybuddiodd Stresemann ym 1928 y byddai economi'r Almaen yn dymchwel pe bai'r gwledydd tramor yn penderfynu galw'r benthyciadau tymor byr hyn yn ôl. Anwybyddwyd ef. Wedi'r cwbl, ymddangosai'r Almaen yn wlad gyfoethog.

ETHOLIAD CYFFREDINOL RHAGFYR 1924

Wedi i'r Reichstag dderbyn Cynllun Dawes methodd Marx â chadw ei addewid i roi swyddi i'r Cenedlaetholwyr yn y llywodraeth oherwydd gwrthwynebiad aelodau'r cabinet i'r syniad o gydweithio ag eithafwyr fel Alfred Hugenberg. O ganlyniad, cynhaliwyd etholiad cyffredinol yn Rhagfyr 1924. Oherwydd llwyddiant *Verständigungspolitik* a'r ffyniant economaidd, cynyddodd cynrychiolaeth pob un o'r prif bleidiau yn y Reichstag, yr SPD o draean, er enghraifft, tra collodd yr eithafwyr nifer o'u seddau. Er hyn, fe'i cafodd y Weriniaeth ei hun unwaith yn rhagor â llywodraeth leiafrifol, sef Clymblaid Bourgeois Hans Luther, gyda'r Cenedlaetholwyr yn y cabinet am y tro cyntaf. Problem gyntaf y llywodraeth oedd sicrhau ymadawiad y Cynghreiriaid o Ranbarth Meddiant Cologne wedi iddynt wrthod ymadael ar y 10fed o Ionawr 1925 fel y cytunasid yng Nghytundeb Versailles. Ond yn ystod wythnos gyntaf y llywodraeth newydd mewn grym daeth y newydd am farwolaeth Ebert, yr Arlywydd.

MARWOLAETH EBERT A'R ETHOLIAD AM ARLYWYDD

Roedd tymor Ebert fel Arlywydd i ddirwyn i ben ym 1925 ac roedd ymgyrch eithafwyr y dde yn ei erbyn wedi dwysáu wrth i'r dyddiad agosáu ac ym 1924 daeth Ebert â 176 o achosion enllib i'r llysoedd. Roedd hyn yn adlewyrchiad teg o'r athrod cyffredinol yn ei erbyn. Wrth ymladd un o'r achosion enllib hyn, yn groes i gyngor ei feddygon, y dirywiodd iechyd Ebert a bu farw yn yr ysbyty ar yr 28ain o Chwefror 1925. Gyda'i farwolaeth ef collodd y Weriniaeth un o'i hychydig wladweinyddion galluog ac un o'r ychydig wleidyddion a oedd yn barod i sefyll y tu allan i wleidyddiaeth bleidiol er mwyn gwasanaethu'r holl boblogaeth.

Roedd cael olynydd i Ebert o bwys enfawr i ddyfodol y Weriniaeth. Ni lwyddodd unrhyw un o'r saith ymgeisydd i ennill y mwyafrif angenrheidiol yn yr Etholiad am yr Arlywydd, ac felly trefnwyd ail etholiad ar y 26ain o Ebrill. Y prif ymgeiswyr y tro hwn oedd Marx, cyn Ganghellor ac arweinydd y Zentrumspartei a dewis y pleidiau gweriniaethol, a Hindenburg, cyn Faeslywydd, arwr y Rhyfel Mawr a dewis pleidiau'r dde. Cyflwynodd y Comiwnyddion eu hymgeisydd eu hunain,

Thälmann — penderfyniad a oedd yn siwr o ddinistrio gobeithion y chwith o ennill.

Cadarnhawyd hyn gan y canlyniadau. Llwyddodd Hindenburg i ennill 48% o'r pleidleisiau, Marx 45% a Thälmann 6%. Pe bai'r Comiwnyddion wedi cefnogi Marx a phe na bai'r BVP wedi rhoi eu cefnogaeth i'r Protestant Hindenburg yn lle'r Pabydd Marx byddai Marx wedi ennill. Tuedd pobl ar y pryd oedd edrych ar etholiad Hindenburg mewn un o ddwy ffordd. Ar y naill law gellid dadlau i'r etholiad ddynodi derbyn y Weriniaeth gan y Cenedlaetholwyr a'r ceidwadwyr traddodiadol. Ar y llaw arall edrychai sawl un ar y canlyniad fel ergyd yn erbyn democratiaeth. Roedd digwyddiadau ar ôl yr etholiad i ddangos mai'r ail farn oedd yn gywir. Roedd Hindenburg yn hen ac ni allai wrthsefyll pwysau'r cenedlaetholwyr a'i gyfeillion yn y fyddin. Er iddo ddefnyddio'i awdurdod yn ddoeth yn ystod ei flynyddoedd cyntaf fel Arlywydd ychydig o amynedd a oedd ganddo â'r pleidiau democrataidd ac erbyn 1930 roedd yn syrthio fwyfwy dan ddylanwad y dde.

CYTUNDEB LOCARNO

Dramor, cafodd Llywodraeth Luther sawl llwyddiant. Yn ystod 1924 gwellhaodd y berthynas rhwng Ffrainc a'r Almaen ond yn Ionawr 1925 cyhoeddodd y Cynghreiriaid na fyddent yn encilio o Ranbarth Meddiant Cologne gan ddefnyddio'r esgus nad oedd yr Almaen wedi gweithredu cymal diarfogi Cytundeb Versailles. Synhwyrai Stresemann mai ofnau'r Ffrancwyr ynglŷn â diogelwch oedd y prif reswm dros y penderfyniad a dechreuodd gynnal trafodaethau dirgel â'r Cynghreiriaid trwy ailgyflwyno cynigion i warantu'r ffin rhwng Ffrainc a'r Almaen. Am y tro cyntaf yn hanes y Weriniaeth, cynorthwywyd Stresemann yn ei ymdrechion tramor gan bresenoldeb y Cenedlaetholwyr yn y llywodraeth. Golygai'u presenoldeb hwy fod y dde hithau wedyn yn gydgyfrifol am bolisi tramor Stresemann. Roedd hyn hefyd yn lleihau'r posibilrwydd o drafferthion o gyfeiriad yr eithafwyr gartref. Cytunodd Belg a Ffrainc i gynnal trafodaethau â'r Almaen ar y ddealltwriaeth na fyddai statws y Rheinland, fel roedd wedi'i nodi yng Nghytundeb Versailles, yn rhan o'r trafodaethau, ac y byddai'r Almaen yn ymuno â Chynghrair y Cenhedloedd.

Pan gyfarfu'r Almaen â'r Cynghreiriaid yn Locarno, yn Hydref 1925, i drafod y *status quo* yng Ngorllewin Ewrop roedd Stresemann yn wynebu dwy broblem. Yn gyntaf, roedd Ffrainc am i'r trafodaethau ymdrin â ffiniau'i chynghreiriaid yn Nwyrain Ewrop hefyd ond gwyddai Stresemann na fyddai'r cyhoedd nac arweinwyr y fyddin yn derbyn hynny. Yn ail, credai Stresemann y dylai'r Almaen gael ei hesgusodi o Erthygl 16 Cyfamod y Gynghrair oherwydd yr ofnai y gallai hynny arwain at ryfel rhwng yr Almaen a Rwsia.

Roedd Locarno yn llwyddiant ysgubol i Stresemann, yn rhannol oherwydd ei amynedd, ei amseru a'i ystyfnigrwydd. Sylweddolai Stresemann y byddai pwysau aruthrol gan y cyhoedd ar Briand a Chamberlain unwaith y deuai'r trafodaethau i'w clyw. Dan amodau Cytundeb Locarno, Hydref 1925, cytunai Prydain Fawr, Ffrainc, Belg, yr Eidal a'r Almaen i warantu'r ffin rhwng Belg a'r Almaen a rhwng Ffrainc a'r Almaen. Yn ogystal, roedd y pwerau mawr yn cytuno i ddatrys unrhyw broblemau rhyngddynt trwy ddulliau heddychlon. Prif lwyddiant y cytundeb o safbwynt Stresemann oedd iddo gadarnhau pwy oedd biau'r tiroedd hynny a oedd wedi'u colli gan yr Almaen tra bod cytuno i wrthod defnyddio grym ar ei rhan yn y dyfodol yn realistig. Ond mae'n debyg mai arwyddocâd gwleidyddol y cytundeb oedd bwysicaf i Stresemann — ni fyddai Ffrainc yn meddiannu'r Ruhr yn y dyfodol ac roedd gwir obaith yr adolygid Cytundeb Versailles ymhellach. Yn ogystal, roedd yr Almaen i gael ei hesgusodi o Erthygl 16 Cyfamod y Gynghrair pan fyddai'n ymaelodi â hi. Yn bwysicach fyth i Stresemann a'r Almaen, nid oedd unrhyw gyfeiriadau at ffin ddwyreiniol yr Almaen. Roedd Cytundeb Locarno yn ei gyfanrwydd yn llwyddo i ailosod yr Almaen yn ôl yn ei phriod safle o ddylanwad yn Ewrop.

Ond, yn ôl y disgwyl, ni chafodd y newydd am y cytundeb fawr o groeso gartref. Cythruddwyd Luther wedi i'r Cenedlaetholwyr ymddiswyddo o'r llywodraeth oherwydd pwysau gan aelodau'r fainc gefn. Galwai'r Cenedlaetholwyr am adolygiad cyfan ar Gytundeb Versailles gan feirniadu'r bwriad i'r Almaen ymuno â'r Gynghrair — "clwb y buddugwyr". Llwyddodd y rhai a oedd agosaf at von Seeckt i argyhoeddi Hindenburg fod Stresemann yn rhoi'r Almaen yn nwylo pwerau'r gorllewin, a dadl fedrus Luther, yn unig, a lwyddodd i ennill cefnogaeth yr Arlywydd i'r llywodraeth. Cynorthwywyd ymdrechion y llywodraeth gan gyhoeddiad y Cynghreiriaid am ostyngiad ym maint Comisiwn Rheolaeth Filwrol y Cynghreiriaid yn y Rheinland a gwacáu Rhanbarth Meddiant Cologne a oedd i gychwyn ar Ragfyr y 1af. Llwyddodd gweddill y llywodraeth, gyda chymorth yr SPD, i basio'r mesurau a dderbyniai'r cytundeb ac ymaelodaeth yr Almaen â'r Gynghrair. Wedi hyn ymddiswyddodd Llywodraeth Luther ac er iddo ffurfio ail lywodraeth daeth hithau i ben wedi pedwar mis oherwydd gwrthwynebiad yr SPD. Unig lwyddiant ail lywodraeth Luther oedd arwyddo Cytundeb Berlin â'r Undeb Sofietaidd ar y 24ain o Ebrill 1926. Cadarnhâi'r cytundeb hwnnw Gytundeb Rapallo ac roedd yn llwyddo i leddfu dipyn ar ofnau'r Rwsiaid am yr Almaen yn ymaelodi â'r Gynghrair. Dyletswydd olynydd Luther fyddai arwain yr Almaen i ymaelodi â'r Gynghrair.

YR ALMAEN YN YMAELODI Â CHYNGHRAIR Y CENHEDLOEDD

Gyda'r DVP a'r SPD yn gwrthod cydweithio, a'r Cenedlaetholwyr yn gwrthwynebu polisi tramor Stresemann, roedd yn amhosibl ffurfio llywodraeth â mwyafrif ganddi. Ym Mai 1926, yn ôl awgrym gan Stresemann, cafodd Marx ei ddewis yn Ganghellor newydd y wlad gan barhau ag aelodau cyn-lywodraeth Luther, gyda chefnogaeth y Sosialwyr. Unwaith yn rhagor roedd gan yr SPD ddylanwad mawr dros y llywodraeth ond heb y gyfrifoldeb dros ei phenderfyniadau.

Dramor llwyddodd Stresemann i sicrhau ymaelodaeth yr Almaen â Chynghrair y Cenhedloedd. Roedd Llywodraeth Luther wedi gwneud cais am ymaelodi yn Chwefror 1926 ond oherwydd i rai gwledydd wrthwynebu rhoi sedd barhaol ar y Cyngor i'r Almaen roedd ei hymaelodaeth wedi'i gohirio. Erbyn mis Medi llwyddwyd i gyfaddawdu â'r gwledydd a hawliai gydraddoldeb â'r Almaen ac ar Fedi'r 8fed cyflwynodd yr Almaen ei hail gais i ymaelodi â'r Gynghrair. Y tro hwn fe'i derbyniwyd ac ar Fedi'r 10fed daeth yr Almaen yn aelod llawn o'r Gynghrair gyda sedd barhaol ar y Cyngor ac ar yr un pryd roedd Cytundeb Locarno yn dod i rym.

PROBLEMAU'R SOSIALWYR

Ond er ei llwyddiant dramor ni pharhaodd trydedd Lywodraeth Marx yn hir a'r prif reswm am hynny oedd anghyfrifoldeb gwleidyddol yr SPD. Caed anghytundeb rhwng y llywodraeth a'r SPD ynglŷn â'r broblem o ddyfodol eiddo cyn deuluoedd brenhinol yr Almaen a oedd wedi'i gymryd ym 1918. Am resymau moesol a gwleidyddol gwrthwynebai'r SPD unrhyw fesur a fyddai'n rhoi iawndal i'r rhai a oedd yn gyfrifol am ddioddefaint yr Almaen yn ystod 1914-18. Penderfynodd yr SPD, gyda chymorth y KPD, alw am refferendwm i setlo'r mater. Cynhaliwyd y refferndwm ar y 26ain o Fehefin 1926 ac er i'r mesur fethu ag ennill y 50% o bleidleisiau oedd yn angenrheidiol os oedd am basio'n ddeddf, dangosai'r digwyddiad fod gan y chwith gefnogaeth eang. Dangosai'r refferndwm hefyd nad oedd yr SPD, ar seiliau ideolegol, yn barod i gefnogi pleidiau'r dosbarth canol — er gwaethaf y difrod a achosai hynny i Weriniaeth Weimar. Gwaethygodd y gwrthdaro rhwng y Sosialwyr a'r llywodraeth wrth i'r Reichstag feirniadu von Seeckt am wahodd Tywysog y Goron i ymarferion y fyddin heb iddo gymryd y llw o deyrngarwch i'r Weriniaeth. Diswyddwyd von Seeckt gan Gessler ar Hydref y 26ain ond parhaodd y Sosialwyr a'u hymchwiliadau i weithredoedd anghyfreithlon y fyddin. Ar y 6ed o fis Rhagfyr datgelodd y *Manchester Guardian* fod aelodau'r Reichstag yn gwybod am gynlluniau i sefydlu ffatri awyrennau i'r Almaen yn yr Undeb Sofietaidd dan oruchwyliaeth y Reichswehr a byddin Rwsia. Llwyddodd yr SPD i ennill pleidlais o ddiffyg hyder yn y llywodraeth. Roedd hon yn weithred anghyfrifol ar ran yr SPD oherwydd ni wyddent pwy a fyddai'n olynu'r llywodraeth.

Adlewyrchai'r digwyddiadau uchod wendidau'r SPD wrth i'r 1920au fynd rhagddynt. Yn ystod y 1920au ymddangosai'n blaid fodlon a oedd yn barod i wneud datganiadau ond heb bolisïau pendant i ennill cefnogaeth ac i amddiffyn y Weriniaeth, a heb ddim arweinyddiaeth amlwg. Mae digwyddiadau 1926 yn adlewyrchu dirywiad yr SPD — plaid y gwrthwynebiad yn unig ydoedd mwyach; nid arweinydd y Weriniaeth.

PEDWAREDD LYWODRAETH MARX

Wedi dymchweliad ei drydedd lywodraeth gofynnwyd i Marx

ffurfio cabinet arall a dechreuodd y llywodraeth newydd ar ei gwaith yn Ionawr 1927. Clymblaid bourgeois y dde oedd pedwaredd lywodraeth Marx, yn cynnwys y Zentrumspartei, y BVP, y Cenedlaetholwyr a Phlaid y Bobl. Talai'r Cenedlaetholwyr wrogaeth i'r cyfansoddiad ac i Gytundeb Locarno yn unol â dymuniad Marx. Gartref, bwriadai Llywodraeth Marx gyflawni ei haddewid i'r SPD a chyflwyno rhaglen o ddiwygiadau cymdeithasol. Oherwydd ffyniant economaidd yr Almaen er 1924 roedd hyd yn oed yr asgell dde yn barod i wneud consesiynau i'r gweithwyr. O ganlyniad, ym mis Gorffennaf 1927, cyflwynwyd nifer o ddiwygiadau gan Heinrich Brauns, y Gweinidog Llafur, gan gynnwys yr hawl i gyflog uwch am waith ychwanegol. Y diwygiad pwysicaf oedd y mesur a roddai dâl diweithdra i'r gweithwyr gyda'r arian i'r cynllun i ddod o gyfraniad o 3% o'r cyflog arferol (hanner gan y gweithiwr a hanner gan y cyflogwr). Ond roedd i'r cynllun wendid amlwg gan nad oedd yn rhagweld y problemau a godai yn sgîl lefel uchel o ddiweithdra.

Yn y cyfamser daeth problem y Reichswehr i'r amlwg unwaith yn rhagor. Yn ei hymdrechion i osgoi ymrwymiadau milwrol Cytundeb Versailles roedd y Weinyddiaeth Amddiffyn wedi buddsoddi arian cyhoeddus yng Nghwmni Ffilmiau Phöbus yn y gobaith o ennill buddrannau uchel. Bwriad y weinyddiaeth oedd ychwanegu at gyllideb gudd y lluoedd arfog. Methiant fu'r cynllun ac ymddiswyddodd Gessler. Adlewyrchai'r digwyddiad y problemau roedd gwleidyddion y Weriniaeth yn eu hwynebu. Iddynt hwy roedd eu hymdrechion i osgoi ymrwymiadau milwrol Cytundeb Versailles yn gwbl gyson â'u hymdrechion i gyrraedd *rapprochement* â'r Cynghreiriaid.

ETHOLIAD CYFFREDINOL 1928, SYMUDIAD I'R DDE

Yn gynnar ym 1928 cwympodd pedwaredd lywodraeth Marx. Y prif fater dan sylw yn ystod ymgyrch yr etholiad oedd mater adeiladu llongau rhyfel newydd. Roedd y Weinyddiaeth Amddiffyn a'r Arlywydd yn awyddus i sicrhau arian ar gyfer adeiladu'r llongau newydd. Gwrthwynebai'r Sosialwyr y cynllun gan ddadlau mai doethach fyddai gwario'r arian ar wasanaethau cymdeithasol a llwyddasant i sicrhau gohirio'r cychwyn ar y gwaith o adeiladu'r llongau tan fis Medi 1928. Yn ystod yr etholiad defnyddiai'r SPD y slogan "Bwyd i blant cyn adeiladu llongau rhyfel". O astudio canlyniadau'r etholiad ym Mai 1928, ymddangosai'r chwith yn fuddugol gyda'r SPD yn cael eu canlyniadau gorau er 1919. Ond mewn gwirionedd yr hyn roedd y canlyniadau yn eu ddatgelu oedd fod y bobl yn fodlon â'r *regime* weriniaethol lwyddiannus, nid eu bod yn cefnogi'r SPD a sosialaeth. Ar y cyfan, roedd etholwyr yr Almaen yn wrth-sosialaidd ac yn gwrthwynebu'r Weriniaeth. Roedd perfformiadau'r pleidiau rhyddfrydol a phleidiau'r dde wedi dirywio yn yr etholiad, ac i ddwy blaid roedd 1928 yn flwyddyn o newid arwyddocaol. Erbyn 1925 roedd hi'n amlwg na allai unrhyw lywodraeth lwyddo heb y Zentrumspartei ac oherwydd y gefnogaeth eang a oedd iddi roedd hi'n blaid hyblyg a oedd yn barod i gyfaddawdu. Ond ym 1928 ymddiswyddodd Wirth fel arweinydd y blaid a'i olynydd oedd y Monsignor Kaas a fynnai y dylai Heinrich Bruning fod yn bennaeth ar aelodau seneddol y blaid. Roedd Bruning yn fwy parod i feirniadu'r system ddemocrataidd nag ydoedd Wirth. Bu newid pwysicach fyth o fewn rhengoedd y Cenedlaetholwyr gyda dyrchafiad Hugenberg yn arweinydd y blaid. Gyda'i apwyntiad ef daeth ceidwadaeth gymhedrol i ben yn rhannol oherwydd ei hunan hyder a'i fyrbwylltra.

"CABINET PERSONOLIAETHAU"

Wedi'r etholiad galwodd yr Arlywydd Hindenburg ar Hermann Müller o'r SPD i ffurfio llywodraeth a llwyddodd Müller i wneud hynny ar ôl mis cyfan o drafferthion. Roedd y llywodraeth newydd yn cynnwys nifer o wleidyddion amlwg fel y Gweinidog Cartref Carl Severing (SPD), y Gweinidog Llafur Rudolf Wissell (SPD), a Stresemann. Roeddent wedi'u dewis o rengoedd amryw o bleidiau ond roedd hi'n llywodraeth ddi-blaid. Bwriad llywodraeth leiafrifol Müller oedd gwella'r safonau byw gartref a pharhau â pholisi tramor Stresemann gyda'i bwyslais ar adolygu'r iawndal a sicrhau ymadawiad cynnar â'r Rheinland.

Wynebai Llywodraeth Müller broblem ar unwaith, problem a roddai hwb i wrthwynebwyr democratiaeth. Roedd pedwaredd lywodraeth Marx wedi cytuno mewn egwyddor i adeiladu'r llongau rhyfel newydd, ac aeth Müller ati i ganiatáu'u hadeiladu er mwyn ennill cefnogaeth pleidiau'r dde. Ond mynnai'r SPD y dylai holl aelodau seneddol y blaid wrthwynebu'r cynllun. Felly ar yr 16eg o Dachwedd 1928 caed digwyddiad nodedig yn y Reichstag wrth i holl aelodau SPD y cabinet, gan gynnwys Müller ei hun, bleidleisio'n erbyn mesur yr oeddynt hwy eu hunain wedi'i gyflwyno. Fel y digwyddodd hi, collodd yr SPD a'r KPD o 202 o bleidleisiau i 250 ac achubwyd y llywodraeth. Ond i nifer o Almaenwyr roedd y digwyddiad yn cadarnhau oferedd y system ddemocrataidd. Llwyddodd y digwyddiad i niweidio poblogrwydd y llywodraeth ac unwaith yn rhagor roedd yr SPD wedi colli cefnogaeth oherwydd eu hagwedd at arfogi.

CYNLLUN YOUNG A MARWOLAETH STRESEMANN

Dramor, prif fwriad Stresemann oedd sicrhau bod y Cynghreiriaid yn gadael y Rheinland, ond cyn gwneud hynny rhaid oedd datrys problem yr iawndal. O'r diwedd, o ganlyniad i holl brotestiadau'r Almaen ynglŷn â materion yr iawndal a'r Rheinland, cytunodd y Cynghreiriaid i gynnal trafodaethau ar y ddau fater gan bwyllgor o arbenigwyr dan gadeiryddiaeth Owen D. Young, banciwr o'r Unol Daleithiau. Cyfarfu'r pwyllgor am y tro cyntaf ym Mharis yn Chwefror 1929.

Cynllun Young oedd ffrwyth y trafodaethau hyn. Yn ôl y cynllun roedd yr iawndal i ostwng yn ystod y blynyddoedd cynnar ac yna godi'n raddol hyd at 1966 a lleihau'n raddol wedyn hyd at 1988. Rhwng popeth, byddai'r Almaen yn talu llai na thraean y swm gwreiddiol. Yn ogystal, diddymwyd rheolaeth y pwerau tramor dros economi'r Almaen ac o hynny allan roedd yr iawndal i'w dalu i'r Banc Taliadau Rhyngwladol newydd. Mewn cyfnod o argyfwng, neu pe bai'r Unol Daleithiau'n dileu unrhyw ran o ddyledion rhyfel y Cynghreiriaid, buasai'n bosibl gostwng y symiau eto. Am y tro cyntaf, felly, roedd y cysylltiad rhwng yr iawndal a dyledion y rhyfel yn cael ei gydnabod. Ond er i'r cynllun adfer sofraniaeth ariannol yr Almaen collodd y Weriniaeth ddiogelwch cyllidol ac ariannol. Gobeithiai Young y byddai'r cynllun yn arwain at normaleiddio'r berthynas rhwng yr Almaen a'r Cynghreiriaid ond roedd trafferthion yr Almaen yn parhau a rhaid oedd iddi fenthyca i dalu'r swm is newydd, hyd yn oed.

O fewn yr Almaen roedd cryn wrthwynebiad i'r cynllun gan yr

eithafwyr ac mae'r ymgyrch yn erbyn Cynllun Young yn dynodi cychwyn ymgais Adolf Hitler i gipio grym. Dadleuon emosiynol a oedd gan y Cenedlaetholwyr yn ymosod ar y cynllun. Dywedent y byddai'r rhan fwyaf a oedd wedi gweld y Rhyfel Mawr wedi marw erbyn 1988, a byddai derbyn y cynllun hefyd gystal â chyfaddef fod yr Almaen ar fai am gychwyn y rhyfel. Yn ôl Stresemann nid oedd gan yr Almaen unrhyw ddewis oherwydd iddi golli'r rhyfel ac felly roedd yn rhaid iddi gynnal trafodaethau â'r Cynghreiriaid. Nid oedd y Cenedlaetholwyr yn derbyn hyn, ac ar y 9fed o fis Gorffennaf 1929 ffurfiasant Bwyllgor Cenedlaethol gyda'r bwriad o sicrhau mesur seneddol yn erbyn y cynllun a'r "celwydd am y bai am y rhyfel". Dynion fel Hugenberg, Hitler, Heinrich Class a Franz Seldte oedd ar y pwyllgor ac roedd hynny'n rhoi parchusrwydd i Hitler. Lluniwyd "Deddf yn erbyn caethiwo Pobl yr Almaen" gan Hugenberg a Hitler ond nid oedd cynnwys y mesur yn bwysig gan mai propaganda ydoedd heb unrhyw obaith o basio'n ddeddf.

Llwyddodd y pwyllgor i gasglu 4 miliwn o lofnodion ar eu deiseb, dros 10% o'r etholwyr. Er bod hynny'n ddigon i sicrhau cyflwyno'r mesur o flaen y Reichstag roedd diffyg cefnogaeth ehangach yn siom i'r pwyllgor. Y prif reswm am eu methiant i ennill mwy o gefnogaeth oedd i'r llywodraeth glywed ym mis Medi y byddai'r Cynghreiriaid, a oedd yn cyfarfod yn yr Hâg, yn ymadael â'r Rheinland bum mlynedd cyn y dyddiad penodedig. Roeddent i ddechrau gadael ar Fedi'r 28ain 1929 gan gwblhau'r gwaith erbyn diwedd mis Gorffennaf 1930.

Hon oedd gorchest fawr olaf Stresemann gan iddo gael trawiad ar ei galon ar Hydref y 3ydd, a marw. O edrych yn ôl gallwn weld fod ei farwolaeth ef yn symbol o farwolaeth y Weriniaeth wrth i'r Almaen golli'i gwladweinydd mwyaf deallus a'i hunig wladweinydd mawr.

Ar y 25ain o Dachwedd 1929 cyflwynwyd mesur y Pwyllgor Cenedlaethol i'r Reichstag ond fe'i gwrthodwyd o fwyafrif llethol. Roedd y refferndwm ar y mesur yn fethiant mawr i'r Natsïaid a'r Cenedlaetholwyr gyda 5.8 miliwn yn pleidleisio o blaid y mesur a 21 o filiynau yn ei erbyn. Dangosai hyn fod digon o gefnogaeth i'r Weriniaeth yn erbyn eithafiaeth y dde. Pleidleisiodd sawl Cenedlaetholwr adnabyddus yn erbyn y mesur ac fe'u diarddelwyd wedyn o'r blaid gan Hugenberg. Aeth y Reichstag ac Hindenburg yn eu blaenau i gadarnhau'r hyn yr oeddid wedi cytuno arno yn yr Hâg. Ond roedd y ffaith fod cymaint o bobl wedi gwadu gwaith gwladweinydd mwyaf y Weriniaeth a dewis polisi a heriai weddill y byd yn argoel o'r radicaleiddio a oedd i ddod ar wleidyddiaeth yr Almaen.

Y DIRWASGIAD MAWR

Ond, am y tro, roedd meddyliau pobl yn troi at broblemau economaidd. Yn ystod gaeaf 1928-29 cododd diweithdra yn filiwn a hanner wrth i ddirwasgiad daro'r wlad a gwelwyd nad oedd y gronfa yswiriant diweithdra yn ddigon i ateb y galw. Rhaid oedd diwygio'r system ac ym mis Medi cyflwynodd Hilferding, y Gweinidog Cyllid, a Wissell, y Gweinidog Llafur, gynllun a fyddai'n sicrhau parhad lefel y budd-daliadau trwy gynyddu cyfraniad y gweithwyr a'r cyflogwyr. Roedd ymateb y cyflogwyr yn chwyrn gyda nifer ohonynt erbyn hynny yn derbyn safbwynt Hugenberg mai'r ffordd i iachawdwriaeth economaidd oedd trwy i'r di-waith aberthu trwy, er enghraifft, fodloni ar fudd-daliadau is a phrofi fod arnynt angen budd-dâl o gwbl. Er i'r Reichstag fabwysiadu cynllun Hilferding a Wissell roedd hi'n rhy hwyr oherwydd ar y 24ain o Hydref 1929, dair wythnos wedi marwolaeth Stresemann, bu Cwymp Wall Street. Yn sgîl dymchweliad marchnad stoc yr Unol Daleithiau yn Wall Street, cafwyd yr argyfwng diffyg hyder mwyaf yn hanes y byd cyfalafol. Effeithiodd ar yr Almaen yn syth wrth i'r Unol Daleithiau alw'u benthyciadau tymor byr yn ôl. Dioddefai diwydiant yr Almaen wrth i gwmnïau dorri ac i sawl cwmni gwtogi ar ei gynnyrch. Roedd y cynnydd sydyn yn nifer y di-waith yn ormod i'r gronfa yswiriant diweithdra ac aeth y llywodraeth yn amhoblogaidd. Roedd blynyddoedd y ffyniant ar ben.

Ddechrau mis Rhagfyr 1929 roedd miliwn a hanner yn cael budd-dâl diweithdra ac yn ystod y mis cynyddodd nifer y di-waith o filiwn arall. Diflanasai pob gobaith y gallai'r llywodraeth ddatrys problemau economaidd y wlad gan fod arweinyddiaeth Müller mor aneffeithiol a chan fod undod y cabinet ar chwâl. Prif achos holl broblemau ariannol y llywodraeth oedd mater cronfa'r budd-dâl diweithdra. Methodd y llywodraeth â threfnu benthyciad tymor byr gan yr Unol Daleithiau wedi i Schacht, Llywydd y Reichsbank, gyhoeddi maniffesto yn cyhuddo'r llywodraeth o fod yn gyllidol anghyfrifol. Ymddiswyddodd Hilferding, y Gweinidog Cyllid, ac apwyntiwyd Moldenhauer o'r DVP yn ei le. Wrth i'r sefyllfa economaidd waethygu ciliai pob gobaith y gallai Moldenhauer gynyddu incwm y llywodraeth a thawelu Schacht.

Gyda diweithdra'n dal i gynyddu, a chronfa'r budd-dâl diweithdra mewn dyled, roedd hi'n amhosibl i'r llywodraeth osgoi'r broblem ynghylch dyfodol yr yswiriant diweithdra. Roedd y dewis gan y llywodraeth o naill ai gwtogi budd-daliadau neu godi cyfraniadau. Gwrthwynebai'r SPD y dewis cyntaf a gwrthwynebai Plaid y Bobl, cynrychiolwyr busnes mawr, yr ail ddewis. Llwyddodd Oskar Meyer o'r Blaid Ddemocrataidd i lunio cyfaddawd ond ni wireddwyd ei gynllun, yn bennaf oherwydd agwedd hunanol y Sosialwyr. Credai Rudolf Wissell, cefnogwr mwyaf brwdfrydig polisi cymdeithasol yr SPD, fod cynllun Meyer yn ymosodiad cyfrwys ar y system, ac y byddai'n arwain yn y pen draw at ddiddymu'r system yn llwyr. Gan fod Wissell yn gwrthwynebu'r cynllun rhaid oedd ei gyflwyno i aelodau seneddol yr SPD. Gwrthodasant y cynllun ac ymddiswyddodd Müller. Dyma ddiwedd llywodraeth ddemocrataidd olaf Gweriniaeth Weimar.

Y FFORDD I'R ALMAEN NATSÏAIDD (1930-33)

Roedd y cyfnod wedi cwymp Llywodraeth Müller, ar Fawrth y 27ain 1930, hyd at apwyntiad Adolf Hitler yn Ganghellor yn Ionawr 1933 yn un o gythrwfl, tryblith a chynllwyn. Wrth i'r dirwasgiad waethygu cefnodd y pleidiau cymhedrol ar ddemocratiaeth a dechreuodd yr Arlywydd gymryd rhan mwy blaenllaw yn llywodraeth y wlad. Arweiniai hynny'n ei dro, at ymyrraeth filwrol yng ngwleidyddiaeth yr Almaen nad oeddid wedi'i gweld er y Rhyfel Mawr. Yn eu hymdrechion i reoli'r llywodraeth defnyddiai'r arweinwyr milwrol gynrychiolwyr y gallent eu rheoli'n rhwydd, ond llwyddodd eu cynrychiolydd olaf i'w rheoli hwy.

LLYWODRAETH HEINRICH BRUNING

Hyd yn oed cyn cwymp Llywodraeth Müller roedd Groener, y Gweinidog Amddiffyn, a'r Cadfridog Kurt von Schleicher, Pennaeth *Ministeramt* (bureau gwleidyddol) y Weinyddiaeth Amddiffyn, wedi cychwyn ar y gwaith o sicrhau sefydlu llywodraeth newydd na fyddai dan reolaeth pleidiau gwleidyddol ac a fyddai'n rhoi blaenoriaeth i fuddiannau'r wlad gyda phwerau argyfwng yr Arlywydd yn gefn iddi. Schleicher oedd prif gynllwynwr y cyfnod hwn ac roedd yn defnyddio Oskar, mab Hindenburg, a Groener yn ei gynllwynion. Gan fod gan Hindenburg barch mawr at Schleicher derbyniodd syniad y Cadfridog y dylid apwyntio Heinrich Bruning yn Ganghellor ac y dylai lywodraethu dan bwerau argyfwng yr Arlywydd.

Credai llawer o'i gyfoeswyr mai Bruning oedd dyn y dyfodol. Ef oedd cadeirydd y Zentrumspartei yn y Reichstag; roedd ganddo record rhyfel ardderchog; roedd yn Babydd selog ac yn geidwadwr o safbwynt cyllid. Yn wleidyddol roedd y Canghellor newydd i'r dde o'r canol ac yn awdurdodllyd, agweddau a apeliai at nifer cynyddol o'r boblogaeth a oedd wedi blino ar ddemocratiaeth. Llywodraeth Müller, ond heb y Sosialwyr, oedd cnewyllyn ei gabinet ef ac roedd y cabinet hwn yn ei gefnogi cant y cant. Ond dangosai Bruning nifer o wendidau wrth iddo ymdrin â'r Reichstag, a hynny a oedd yn bennaf cyfrifol am ei fethiant i ddatrys problemau'r wlad.

Bwriad cyntaf Bruning oedd datrys problemau ariannol y llywodraeth trwy ddilyn polisi o leihau chwyddiant trwy gynyddu trethi a chwtogi ar wariant y llywodraeth. Cyflwynodd ei bolisïau i'r Reichstag ond gwrthodwyd y mesurau gan bleidiau'r chwith a'r dde. Ymateb Bruning oedd defnyddio pwerau argyfwng yr Arlywydd i basio'r mesurau, ond defnyddiodd y Reichstag ei hawl i ddiddymu'r deddfau, a rhaid oedd i Hindenburg gytuno â hynny. Diddymodd Bruning y Reichstag a gohirio'r etholiad cyffredinol tan Fedi'r 14eg. Yn y cyfamser, daeth rhaglen ariannol Bruning yn ddeddf trwy ddefnyddio pwerau deddfu'r Arlywydd. Dangosai'r digwyddiadau hyn fod Bruning yn ystyfnig ac yn credu mai cefnogaeth yr Arlywydd oedd yr ateb i'w holl broblemau. Anwybyddodd Bruning, er enghraifft, gynnig yr SPD i gydweithredu ag ef a fyddai wedi rhoi'r cyfle iddo ddatrys problemau'r wlad trwy ddulliau'r senedd. Roedd iddo fethu â chyrraedd cytundeb â hwy yn gamgymeriad allweddol. Gyda chefnogaeth i'r Natsïaid wedi cynyddu yn etholiadau Sacsoni ym Mehefin, roedd y Reichstag nesaf yn siwr o fod yn llai hydrin na'r un flaenorol.

Trwy ddibynnu ar bwerau argyfwng yr Arlywydd roedd Bruning wedi gwneud y toriad anadferadwy cyntaf â chyfansoddiad Weimar. Nid oedd am wrando ar ei gynghorwyr a'i rhybuddiai am y peryglon o gynnal etholiad cyffredinol yng nghanol dirwasgiad pan fyddai'r etholwyr yn fwy na pharod i wrando ar eithafwyr. Gyda'r Natsïaid a'r Comiwnyddion yn ennill tir, unig obaith Bruning oedd ennill cefnogaeth yr etholwyr i ethol Reichstag a fyddai'n gefnogol iddo ef a'i bolisïau. Yn anffodus roedd polisïau Bruning o gwtogi cyflogau a phensiynau wedi peri gwrthwynebiad yn y gymdeithas ac yng ngolwg mwyafrif y boblogaeth ef oedd "Canghellor y Newyn".

ETHOLIAD CYFFREDINOL MEDI 1930 — LLWYDDIANT CYNTAF Y NATSÏAID

Roedd canlyniadau'r etholiad yn drychineb i Bruning. Er y gwella ar berfformiad y Zentrumspartei a'r BVP, ni fu dim cefnu mawr ar yr SPD ac eithafiaeth Hugenberg am rengoedd ceidwadaeth gymhedrol fel roedd Bruning wedi gobeithio.

Parhâi'r SPD yn brif blaid y Reichstag gyda 143 o seddau, er i nifer ei phleidleisiau ostwng. Gostwng hefyd oedd hanes nifer y pleidleisiau i'r DVP a'r DDP (roedd y DDP wedi ymgyrchu yn yr etholiad dan eu teitl newydd — *Deutsche Staatspartei*). Yr unig bleidiau i elwa'n sylweddol oedd y rhai hynny yr oedd Bruning wedi'u diystyru, sef y Natsïaid a'r KPD. Y KPD yn awr oedd y drydedd blaid o ran maint yn y Reichstag gyda 77 o seddau, yn bennaf ar gyfrif ei datblygiad mewn ardaloedd fel dwyrain Berlin a dwyrain Düsseldorf. Ond camgymeriad mawr y Comiwnyddion oedd ymosod ar yr SPD yn hytrach na'r Natsïaid, gan gredu mai cyfnod o lywodraeth gan y Natsïaid fyddai'r cyfnod cyfalafol olaf cyn chwyldro'r Bolsiefigiaid.

Prif ganlyniad yr etholiad heb ddim amheuaeth oedd y cynnydd anhygoel yng nghynrychiolaeth seneddol y Natsïaid, o 12 i 107 o seddau. Llwyddodd plaid Hitler i ennill cefnogaeth nifer o'r rhai a oedd wedi cefnu ar Hugenberg a'r pleidiau rhyddfrydol. Enillodd hefyd gefnogaeth cefn gwlad a oedd yn dioddef yn sgîl y gostwng ar brisiau bwyd. Ond fel mae'r cynnydd yn y gefnogaeth i'r Comiwnyddion yn dangos, nid y proletariat di-waith a oedd yn cefnogi'r Natsïaid. Mae'n ymddangos mai'r prif reswm dros lwyddiant y Natsïaid oedd y ffaith eu bod wedi ennill cefnogaeth mwyafrif y rhai a oedd yn pleidleisio am y tro cyntaf ym 1930. Roedd hyn o ganlyniad i bolisi bwriadol y Natsïaid o ennill cefnogaeth y rhai nad oeddynt wedi trafferthu pleidleisio o'r blaen, sef y dosbarth canol a'r ieuenctid hynny yn y Reichswehr a thueddiadau gwleidyddol ganddynt.

Ond nid yw problemau economaidd y wlad ac anfodlonrwydd nifer gynyddol o'r etholwyr â'r system ddemocrataidd yn ddigon i egluro llwyddiant y Natsïaid yn ystod y blynyddoedd hyn. I raddau helaeth roedd eu llwyddiant yn dibynnu ar gymeriad a gallu Hitler ac ar natur ei blaid.

APÊL ADOLF HITLER A'R NATSÏAID

Roedd gan Adolf Hitler athrylith wleidyddol go iawn ac roedd yn sefyll ar ei ben ei hun ymhlith gwleidyddion yr Almaen. Roedd ganddo'i wendidau: nid oedd yn gystal trafodwr â Stresemann, er enghraifft, ond roedd ganddo ewyllys, hunanhyder a'r gallu i amseru ei benderfyniadau'n berffaith. Defnyddiai'i allu areithio i reoli'i gynulleidfa a chredai po fwyaf y celwydd, po fwyaf tebygol oedd hi y byddai'r bobl yn ei gredu. Ef oedd y cyntaf i ddefnyddio'r awyren yn ystod ymgyrchoedd etholiad a defnyddiai bropaganda gweledol yn effeithiol iawn. Credai fod llawn cymaint o bobl yn cael eu denu gan derfysg a thrais ag a oedd yn ymwrthod â hwy. Roedd Adolf Hitler yn anifail gwleidyddol.

Yn ogystal, roedd Hitler wedi llwyddo i drawsnewid natur ei blaid erbyn y 1930au. Yn ystod ei ddyddiau cynnar ystyrid y blaid yn blaid y chwith, ond roedd wedi ad-drefnu'r blaid ar ôl iddo gael ei garcharu ac erbyn y 1930au ychydig o'r dosbarth gweithiol a oedd yn aelodau. Er bod gan y blaid bolisi swyddogol — Y Pum Pwynt ar Hugain — fe'i anwybyddid gan Hitler. Roedd yn well gan y Natsïaid ddatgan yr hyn roeddent yn ei erbyn. Roedd y blaid wedi llwyddo i ymdreiddio i nifer o gyfundrefnau'r dosbarth canol, ac i'w meddiannu, ym myd amaeth yn enwedig. Ond prif wendid y blaid oedd ei diffyg sefydlogrwydd a dyfalbarhad o'i chymharu â phleidiau fel yr SPD. Apeliai'r blaid at yr anfodlon ac felly roedd yn anos cadw'u cefnogaeth. Dangosai canlyniad etholiad Medi y gallai Hitler gipio grym trwy ddulliau seneddol ond y bygythiad mwyaf iddo oedd diffyg amser. Wedi'r cyfan, gallai polisïau Bruning lwyddo.

BRUNING — METHIANNAU TRAMOR

Oherwydd aelodaeth y Reichstag newydd roedd gwaith Bruning fel Canghellor yn anos wedi'r etholiad. Unwaith eto dibynnai ar Hindenburg ac Erthygl 48 yn ei ymdrechion i ddatrys problem y 6 miliwn di-waith a'r budd-dâl diweithdra pitw. Roedd yn benderfynol o barhau â'i raglen economaidd o leihau chwyddiant a chredai y gallai diplomyddiaeth ddatrys ei broblemau gartref. Ei brif fwriad yn awr oedd sicrhau diwygio Cynllun Young ac yna adennill cydraddoldeb o ran arfogaeth â gweddill y pwerau mawr. Unwaith yn rhagor byddai polisïau'r Canghellor yn methu ar gyfrif ei dactegau.

Yn ei ymdrechion tramor wynebai Bruning yr un problemau ag a wynebai Stresemann, sef dilyn polisi tramor a ymddangosai'n wladgarol gartref ond yn gymodlon dramor. Gan fod mater yr iawndal ynghlwm wrth y broblem ehangach fod ar rai o'r Cynghreiriaid ddyledion rhyfel i'w gilydd, credai Bruning ei fod yn fater i holl brif bwerau'r gorllewin ei drafod. Yn

Rhagfyr 1930 awgrymodd Bruning wrth lywodraeth yr Unol Daleithiau y dylid galw cynhadledd ryngwladol i drafod iawndaliadau, dyledion rhyfel a'r sefyllfa economaidd yn gyffredinol. Mewn gwirionedd, gofyn am lawer a chynnig ychydig roedd Bruning, ond roedd nifer o lywodraethau eraill yn barod i ganiatáu consesiynau iddo. Ond llwyddodd Bruning i gythruddo sawl llywodraeth drwy gyhoeddi ym Mawrth 1931 fod llywodraethau'r Almaen ac Awstria am ffurfio undeb tollau (*Zollunion*). Rhwystrwyd y cynllun gan Ffrainc a Tsiecoslofacia a fynnai gyflwyno'r mater i lys rhyngwladol. Ar yr un pryd rhoddodd Ffrainc bwysau ychwanegol ar Awstria, y partner gwannaf, drwy alw'i benthyciadau'n ôl. O ganlyniad i'r datblygiadau hyn roedd hi'n amhosibl i Bruning ennill unrhyw gonsesiynau. Hyd yn oed pan gyhoeddodd Hoover, Arlywydd yr Unol Daleithiau, flwyddyn o foratoriwm ar yr holl iawndaliadau a dyledion rhyfel ym Mehefin 1931, nid oedd Ffrainc am gytuno tan iddi gael sicrhau amodau penodol, megis arafu'r ailarfogi. Roedd Llywodraeth Bruning wedi gwneud camsyniad am ei chryfder ei hun ac am ymateb gwledydd eraill iddi. Methiant diplomyddol oedd y canlyniad.

PROBLEMAU BRUNING YN DWYSÁU

Am iddo fethu dramor roedd poblogrwydd Bruning gartref yn mynd i lawr ymhellach. Er mwyn dangos eu hanfodlonrwydd unodd y Cenedlaetholwyr, y Natsïaid a'r Stahlhelm mewn rali yn Bad Harzburg a ffurfio Ffrynt Harzburg. Eu bwriad oedd dymchwel Gweriniaeth Weimar a'u targed cyntaf oedd Llywodraeth Bruning. Dyma gychwyn y cysylltiadau rhwng Hitler a diwydiant, cysylltiadau a oedd i gryfhau yn ystod y gaeaf. Mewn cyfarfod o Glwb Diwydiannol Düsseldorf ar Ionawr y 27ain 1932, er enghraifft, cafodd Hitler ei gymeradwyo gan y gynulleidfa wedi iddo ymosod ar ddemocratiaeth a chomiwnyddiaeth a chanmol awdurdod ac imperialaeth economaidd yn ei anerchiad. Ni olygai hynny fod diwydiant wedi rhuthro i gefnogi Hitler a'i blaid ac mae tuedd i orbwysleisio'r gefnogaeth ariannol a gâi'r Natsïaid gan ddiwydiant cyn 1933. Ond roedd mwy a mwy o ddiwydianwyr yn anfodlon ar bolisïau Bruning. Ofnai nifer ohonynt y byddai Bruning yn dilyn polisïau sosialaidd am ei fod yn dibynnu ar gefnogaeth yr SPD. Gan eu bod yn anfodlon ar Bruning nid oedd y diwydianwyr am gau meddyliau ynglŷn â chael olynydd iddo ac roedd Hitler yn ddewis amlwg. Collodd Bruning fwy o gefnogwyr ar y dde yn ystod y gaeaf wedi i dirfeddianwyr Dwyrain Elbe'u hargyhoeddi'u hunain fod Schlange — Schoningen, a oedd wedi'i apwyntio'n Gomisiynydd dros Osthilfe ym mis Tachwedd 1931, yn cefnogi polisïau comiwnyddol ar amaethyddiaeth. Roedd hyn yn ergyd arall i Bruning.

Yn ogystal â diwydiant ac amaethyddiaeth, roedd nifer o lywodraethau'r Länder yn feirniadol o ddiffyg arweiniad Bruning. Ym mis Tachwedd cafwyd hyd i ddogfennau Boxheim, cynllun a awgrymai sut y gallai'r Natsïaid gipio grym yn y wlad pe bai'r Comiwnyddion yn mynd ati i geisio *putsch*. Yn ddigon naturiol, pryderai llywodraethau'r Länder y byddai'r Natsïaid yn ceisio gweithredu cynllun o'r fath heb gael *putsch* comiwnyddol yn esgus. Roedd y Länder yn gyfarwydd â thrais y Natsïaid a galwasant am weithredu cadarn gan y llywodraeth ganolog, ond fe'u hanwybyddwyd gan Bruning.

ETHOLIAD YR ARLYWYDD 1932 A CHWYMP BRUNING

Roedd y Canghellor yn dechrau colli cefnogaeth Hindenburg hefyd. Y prif reswm dros hyn oedd ei fethiant i berswadio'r Natsïaid i ymuno â'r pleidiau eraill mewn cytundeb i ymestyn tymor yr Arlywydd, a oedd i ddod i ben ym 1932. Y prif ymgeiswyr yn yr etholiad, pan ddaeth, oedd Hindenburg, Hitler, Thälmann (KPD) a Duesterberg (a oedd wedi'i enwebu gan y Cenedlaetholwyr hynny a oedd yn amharod i gefnogi Hitler). I'r rhai a oedd am weld datblygu democratiaeth, Hindenburg oedd yr unig ddewis. Teimlai Hindenburg yn chwerw am nad oedd y DNVP am ei gefnogi, am fod y pleidiau gweriniaethol yn ei gefnogi, ac am ei fod ef o bawb yn gorfod sefyll yn erbyn cyn-gorporal ac yn erbyn Comiwnydd. Ar y 13eg o Fawrth 1932 enillodd Hindenburg 18.65 miliwn o bleidleisiau wrth ochr 11.4 miliwn i Hitler, 5 miliwn i Thälmann a thua hanner hynny wedyn i Duesterberg — roedd Hindenburg 0.4% yn fyr o ennill y mwyafrif angenrheidiol. Felly trefnwyd ail etholiad. Yn etholiad Ebrill enillodd Hindenburg yn hawdd gyda 19.4 miliwn o bleidleisiau wrth ochr 13.4 miliwn i Hitler a 3.7 miliwn i Thälmann. Y prif resymau dros ei lwyddiant oedd cefnogaeth yr

SPD a'r Zentrumspartei ac mae'n ymddangos i ferched roi mwy o gefnogaeth i Hindenburg nag i unrhyw ymgeisydd arall. Yn anffodus, nid oedd ailethol Hindenburg yn ddigon i sicrhau dyfodol democratiaeth gan iddo syrthio dan ddylanwad ei gyfeillion adain dde a rhoi'r bai am ei berfformiad yn yr etholiad ar Bruning, er i'r Canghellor weithio mor galed ar ei ran yn yr ymgyrch.

Ond yr hyn a seliodd dynged Bruning oedd i arweinwyr y fyddin golli'u hyder ynddo ac atal eu cefnogaeth iddo. Erbyn gwanwyn 1932 roedd Schleicher wedi dod i'r casgliad fod Llywodraeth arbrofol Bruning wedi methu. Drwy ddibynnu ar gefnogaeth yr SPD yn y Reichstag roedd Bruning yn colli cefnogaeth y carfannau hynny yr oedd i fod i'w hennill, tra methai'i bolisi tramor ag ennill unrhyw lwyddiannau mawr. Credai Schleicher fod cryfhau'r Reichswehr yn angenrheidiol i ddiogelu'r wlad a chadw trefn gartref. Daeth y cyfle i Schleicher gael gwared o'r Canghellor yng nghanol mis Ebrill pan lwyddodd Groener, dan bwysau llywodraethau'r Länder, i berswadio Bruning a Hindenburg am yr angen i wahardd yr SA a'r SS trwy ddefnyddio pwerau argyfwng yr Arlywydd. Er iddo gefnogi'r symudiad hwn ar y dechrau newidiodd Schleicher ei feddwl a threfnu i'r fyddin brotestio a galw am ddiswyddo Groener. Ymddiswyddodd Groener fel Gweinidog Amddiffyn ond roedd am barhau yn Weinidog Cartref. O gofio teimladau Hindenburg, roedd hi'n hawdd i Schleicher ddwyn perswâd arno fod angen diswyddo Bruning. Un ffactor bwysig a gyfrannai at gwymp Bruning oedd ei gynllun i sefydlu'r di-waith ar ystadau a oedd wedi torri yn nwyrain Prwsia ac i gwtogi'r cymorthdaliadau i ystadau'r Junkers. Ym meddwl ceidwadol yr Arlywydd roedd y cynllun yn agos at fod yn bolisi comiwnyddol ar amaethyddiaeth. Ar y 29ain o Fai, dywedodd Hindenburg wrth Bruning nad oedd yn barod i lofnodi mwy o ddeddfau argyfwng.

Methiant Bruning i ddatrys problemau'r dirwasgiad, problem y diweithdra mawr yn enwedig, oedd y prif reswm iddo golli cefnogaeth y genedl. Llwyddodd methiant yr *Anschluss* i guddio'r ffaith i Bruning ennill rhai consesiynau economaidd gan yr Unol Daleithiau a Phrydain. Er iddo fethu ar y cyfan, ni haeddai gael ei ddiswyddo yn y fath fodd. Roedd cwymp Bruning yn garreg filltir bwysig ar y ffordd i'r Drydedd Reich.

PAPEN A CHABINET Y BARWNIAID

Olynydd Bruning oedd Franz von Papen ac roedd Schleicher wedi cynnal sawl trafodaeth ag ef cyn cwymp Bruning. O safbwynt Schleicher roedd Papen yn ddewis amlwg — roedd o deulu tiriog o Westfalen, yn uwch gapten ar wŷr meirch yn ystod y Rhyfel Mawr, yn Babydd, ac roedd ganddo gysylltiad trwy briodas â diwydiant. Credai Schleicher mai Canghellor gwasaidd fyddai von Papen ac ar ei apwyntiad yn Ganghellor rhoddodd Schleicher restr o aelodau'r cabinet newydd iddo. Cabinet y dde oedd Cabinet y Barwniaid, cabinet a oedd yn cynrychioli diwydiant, amaethyddiaeth ac arweinwyr y fyddin, gyda Schleicher ei hun yn Weinidog Amddiffyn. Ond cabinet oes y Caiser oedd hwn, nid cabinet i drafod problemau cymdeithas ddiwydiannol fodern a wynebai gyfnod o ddirwasgiad llym. Ni chefnogai mwyafrif y boblogaeth y cabinet newydd, ac roedd gan Papen lai o gefnogaeth yn y Reichstag nag oedd gan Bruning o'i flaen. Diarddelwyd y Canghellor newydd o'r Zentrumspartei am ei ran yng nghwymp Bruning a gwrthododd yr SPD ei gefnogi o gwbl. Llwyddodd Papen a Schleicher i ennill amser i'r llywodraeth newydd ei sefydlu'i hun trwy ddod i delerau â'r Natsïaid. Cytunodd Hitler i oddef y llywodraeth newydd a chytunodd Papen i ddiddymu'r Reichstag, anwybyddu trais y Natsïaid yn ystod ymgyrch yr etholiad a dileu senedd Prwsia.

Roedd y cytundeb yn un peryglus gan ei bod hi'n amlwg mai am ei ddefnyddio er ei les ei hun yn unig roedd Hitler. Gobeithiai Papen ennill buddugoliaethau sydyn gartref a thramor er mwyn lleihau apêl y Natsïaid yn ystod yr etholiad. Dramor roedd yn ffodus i etifeddu llwyddiant Bruning wrth i Gynhadledd Iawndaliadau yn Lausanne gwtogi'r iawndal a datgan y dylai'r Almaen dalu wedi i'w sefyllfa economaidd wella. Ni thalodd yr Almaen iawndal fyth wedyn! Gartref, oherwydd y cynnydd yn y cynnyrch diwydiannol wrth i fasnach ryngwladol wella, a'r gostyngiad yn nifer y diwaith, llwyddodd Papen i leddfu ychydig ar bolisïau Bruning o leihau chwyddiant. Ond nid oedd y llwyddiannau hynny'n ddigon i rwystro'r Natsïaid.

Roedd Papen wedi cadw at ei air i gynnal etholiad cyffredinol ac i derfynu'r gwaharddiad ar yr SA a'r SS. Roedd ymgyrch yr etholiad yn un waedlyd ac yn ystod y pum wythnos cyn yr etholiad, lladdwyd 99 ac anafu dros 1,000 o bobl ym Mhrwsia yn unig. Ar yr 17eg o Orffennaf, yn ystod gorymdaith gan y Natsïaid yn ardal ddosbarth gweithiol Althonia yn Hamburg bu farw 17 o bobl. Rhoddodd hynny'r cyfle i Papen ddileu senedd Prwsia.

"TREISIO PRWSIA"

O safbwynt poblogaeth a thiriogaeth, Prwsia oedd y rhanbarth mwyaf yn yr Almaen, a'r unig ranbarth a adlewyrchai ddelfrydau Gweriniaeth Weimar. Roedd yn amhosibl ei anwybyddu am fod Berlin o fewn ei ffiniau. Clymblaid o'r SPD a'r Zentrumspartei a reolai Prwsia ar y pryd a defnyddiodd Papen ddigwyddiadau'r 17eg o Orffennaf yn esgus i ddisodli llywodraeth Prwsia trwy orchymyn, ar y sail na allai hi gadw trefn. Fe'i penododd Papen ei hun yn Gomisiynydd y Reich dros Prwsia gydag awdurdod llwyr dros y rhanbarth. Ni fu unrhyw wrthwynebiad i "dreisio Prwsia" gan aelodau'r chwith. Roedd yr SPD eisoes wedi colli tir yn yr etholiadau lleol ac felly nid oedd yr hyder ganddynt i amddiffyn y llywodraeth nac ymladd brwydr na allent ei hennill. Yn wahanol i gyfnod *Putsch* Kapp ni allai'r Sosialwyr ddibynnu ar gefnogaeth yr undebau llafur gan fod diweithdra'n uchel, ac nid oeddent am weithredu'n filwriaethus o'r herwydd. Gwyddai adain filwrol y gweriniaethwyr, y Ffrynt Haearn, na allent frwydro'n llwyddiannus yn erbyn Reichswehr Schleicher. Er i'r SPD gwestiynu gweithred Papen yn Llys Goruchaf y Reich, ac i'r Llys farnu ar y cyfan, o'u plaid, dri mis wedi'r digwyddiad, nid oedd hynny o unrhyw werth ymarferol.

Yn sgîl y *coup* roedd Papen yn boblogaidd iawn gyda'r adain dde, yn y fyddin yn enwedig. Wedi'r *coup* aeth Papen rhagddi i lwyrlanhau pob elfen weriniaethol o wasanaeth sifil a heddlu Prwsia. Dechreuodd y Comiwnyddion ennill tir wrth i'r SPD wrthod gweithredu'n uniongyrchol yn erbyn gweithred Papen. Ond os mai gobaith Papen oedd ennill cefnogaeth ar draul y Natsïaid, ac os oedd Schleicher yn gobeithio y byddai'r enghraifft hon o gryfder Papen yn perswadio Hitler i ymuno â'r llywodraeth, roedd y ddau wedi gwneud camsyniad. Ymateb Hitler oedd cyflwyno mwy o ofynion, yn enwedig wedi canlyniadau'r etholiad.

ETHOLIAD CYFFREDINOL GORFFENNAF 1932 — LLWYDDIANT Y NATSÏAID

Roedd etholiad Gorffennaf 1932 yn ergyd enfawr i'r llywodraeth. Yr unig bleidiau bourgeois i ddal eu tir oedd y Zentrumspartei a'r DVP. Er i'r SPD ennill cyfanswm canmoladwy o seddau, llwyddodd y Natsïaid i ddyblu nifer eu seddau hwy — llwyddiant ysgubol. Ond nid oedd y Natsïaid wedi llwyddo i gynyddu eu pleidlais oddi ar etholiad yr Arlywydd ac yn ôl pob tebyg roedd eu cynnydd yn arafu. Er eu holl ymdrechion nid oeddynt wedi ennill mwyafrif y seddau ac ni lwyddasant i atal y gefnogaeth i'r KPD, a chynyddodd nifer eu seddau hwy o 12 i gyfanswm o 89.

Roedd canlyniadau'r etholiad yn cryfhau galwad Hitler am gael rheoli'r llywodraeth ac yn gwanhau safle Papen. Gwrthododd Hitler y cynnig o gael swydd yr Is-Ganghellor gan fynnu'r Gangelloriaeth iddo'i hun a swyddi'r Gweinidog Cartref, Gweinidog y Gyfraith, y Gweinidog Amaeth a Phrif Weinidog a Gweinidog Cartref Prwsia i'w blaid. Yn ogystal, mynnai Ddeddf Alluogi a fyddai'n gadael iddo lywodraethu heb y senedd. Gwrthododd Schleicher a Papen gynnig Hitler. Rhag ofn iddo wynebu unrhyw drafferthion o gyfeiriad y Natsïaid pan agorodd y Reichstag newydd ar Fedi'r 12fed, sicrhaodd Papen yr hawl gan Hindenburg i ddiddymu'r senedd ar unwaith pe bai angen. Pan agorodd y Reichstag cyflwynodd y Comiwnyddion gynnig o ddiffyg hyder yn Llywodraeth Papen. Ceisiodd Papen dynnu sylw Göring (llywydd y Reichstag) ond anwybyddodd Göring ef. Gorfodwyd Papen i roi'r gorchymyn i ddiddymu'r senedd ar fwrdd y llywydd ond nid cyn i'r Reichstag dderbyn y cynnig o ddiffyg hyder ynddo.

ETHOLIAD CYFFREDINOL TACHWEDD 1932 — METHIANT Y NATSÏAID

Tachwedd y 6ed, 1932, oedd dyddiad yr etholiad newydd ac yn ystod y cyfnod cyn yr etholiad dechreuodd pethau weithio o blaid y Canghellor. Un rheswm dros hyn oedd polisi bwriadol y llywodraeth o ailchwyddo'r economi. Roedd cyflwyno rhaglen o waith cyhoeddus yn enghraifft o hyn. Ar yr un pryd roedd nifer o broblemau yn wynebu'r Natsïaid. O safbwynt ariannol roedd coffrau'r blaid yn isel ar ôl etholiadau Gorffennaf a gallai etholiad arall dorri'r blaid yn ariannol. Ar ben hynny, roedd anghytundeb ideolegol yn dod i'r amlwg o fewn y blaid wrth i'r asgell chwith ddechrau dangos ei hanfodlonrwydd ar bolisïau'r blaid. Ond yr hyn a beryglai apêl y Natsïaid fwyaf yn llygaid y cyhoedd oedd eithafiaeth Hitler ei hun ac eithafiaeth y blaid. Er enghraifft, pan ddedfrydwyd milwyr o Natsïaid i farwolaeth ar ôl iddynt lofruddio Comiwnydd, mynnai Hitler eu canmol. Yn sgîl hynny, roedd y Natsïaid yn colli cefnogaeth nifer o'r etholwyr. Ond camgymeriad mwyaf y Natsïaid oedd y penderfyniad i gefnogi streic drafnidiaeth yn Berlin ym mis Tachwedd a oedd wedi'i threfnu gan y Comiwnyddion. Methodd y Natsïaid ag ennill cefnogaeth y dosbarth gweithiol a chefnodd nifer o'r bourgeois ar y blaid am iddi gefnogi comiwnyddiaeth.

Yn yr etholiad collodd y Natsïaid dros 2 filiwn o bleidleisiau a 34 o seddau, a chaed dirywiad amlwg hyd yn oed yng nghadarnleoedd y blaid. Mae'n amlwg mai symudiad y blaid i'r chwith cyn yr etholiad a oedd yn gyfrifol am y dirywiad hwn a'r ffaith i nifer o'r dosbarth canol droi'n ôl at bleidiau traddodiadol y dde, at y Cenedlaetholwyr a Phlaid y Bobl. Ni lwyddodd y pleidiau gweriniaethol i adennill tir a pharhaodd dirywiad yr SPD. Mwy arwyddocaol oedd y cynnydd yng nghynrychiolaeth seneddol y Comiwnyddion wrth iddynt ennill 100 o seddau.

CWYMP PAPEN — SCHLEICHER YN GANGHELLOR

Unwaith yn rhagor roedd etholiad cyffredinol wedi methu â datrys problem wleidyddol y wlad gan nad oedd unrhyw glymblaid ymarferol yn bosibl. Mewn ymdrech i sicrhau llywodraeth effeithiol i'r wlad aeth Papen a'r Gweinidog Cartref, von Gayl, ati i lunio cynllun a fyddai'n trawsffurfio'r Werinieaeth i fod yn wladwriaeth unbenaethol gydag *elite* o dirfeddianwyr yn rheoli'r mwyafrif difreintiedig. Gwrthwynebai Schleicher y cynllun afrealistig hwn, yn bennaf am fod y cynllun yn galw am gefnogaeth y fyddin. Ar waethaf gwrthwynebiad Schleicher roedd Hindenburg am gefnogi cynllun Papen ond newidiodd ei feddwl pan gyflwynwyd adroddiad grŵp Ott iddo gan y Gweinidog Amddiffyn. Dangosai adroddiad grŵp Ott yn glir y byddai hi'n rhyfel cartref rhwng y Natsïaid a'r Comiwnyddion pe gweithredid cynllun Papen, ac na allai'r Reichswehr fyth roi pen ar sefyllfa o'r fath. Ymddiswyddodd Papen, ac er ei fod yn anfoddog roedd hi'n rhaid i Hindenburg dderbyn hynny.

O'r diwedd roedd Schleicher yn cael ei orfodi i symud o'r Weinyddiaeth Amddiffyn a chymryd swydd y Canghellor. Er nad oedd llawer o wahaniaeth rhwng cyfansoddiad ei gabinet ef a chabinet Papen roedd ganddo nifer o syniadau adeiladol ac roedd yn awyddus i daro cytundeb â'r Natsïaid a'r undebau llafur. Ceisiodd gael gwared ar yr adain chwith ym Mhlaid y Natsïaid, yr adain a oedd o dan arweinyddiaeth Gregor Strasser. Gadawodd Strasser y blaid ac aeth ar ei wyliau i'r Eidal, a rhoddodd hynny'r cyfle i Hitler sefydlu swyddfa ganolog newydd i'w blaid o dan Rudolf Hess. Byddai hynny'n sicrhau cefnogaeth plaid unedig iddo. Roedd ymdrechion y Canghellor newydd i ennill cefnogaeth yr undebau llafur trwy godi tâl diweithdra, sefydlu cynllun gwaith cyhoeddus a gweithredu cynlluniau Bruning ar gyfer tiroedd dwyrain Prwsia, hwythau'n fethiant. Ni lwyddodd ei bolisïau i ddarbwyllo'r chwith, ond llwyddasant i golli cefnogaeth y gwŷr busnes a'r tirfeddianwyr i'r llywodraeth. Ond y bygythiad mwyaf i ddyfodol Schleicher oedd fod Papen yn awr wrthi'n cynllwynio'n ei erbyn er mwyn adennill ei safle dylanwadol.

Roedd cynllun Schleicher i ailddosbarthu tir i dyddynwyr yn nwyrain Prwsia eisoes wedi colli iddo gefnogaeth yr Arlywydd, tra oedd y cynnydd yng nghynrychiolaeth y KPD yn y ddau etholiad a oedd newydd fod yn codi ofn ar fyd busnes. I nifer o wŷr busnes y wlad y Natsïaid oedd yr unig obaith am lywodraeth gref. Gobeithiai Papen fanteisio ar y datblygiadau hyn trwy roi ei gefnogaeth i Hitler. Credai Papen y gallai ef reoli Hitler. Yn gynnar yn Ionawr 1933 cyfarfu Papen, Hitler a Hugenberg yng nghartref Schröder, banciwr o Cologne. Ar yr un pryd cytunodd Hitler a Hugenberg i ailsefydlu Ffrynt Harzburg. Ar ôl iddo fethu â sicrhau cefnogaeth y Reichstag gofynnodd Schleicher i Hindenburg ddiddymu'r senedd a rhoi pwerau arbennig iddo reoli'r wlad hebddi. Gwrthododd Hindenburg. Wedi'r cwbl roedd wedi gwrthod cais Papen am yr un rheswm, am fod posibilrwydd o ryfel cartref. Ymddiswyddodd Schleicher ond gan gytuno i barhau'n ei swydd hyd nes yr apwyntid Canghellor newydd.

ADOLF HITLER: CANGHELLOR GWERINIAETH WEIMAR

Er i Hindenburg ddatgan nad oedd ganddo unrhyw fwriad i apwyntio Hitler yn Ganghellor, llwyddodd Papen a chynghorwyr eraill iddo i'w berswadio i gynnwys Hitler yn y llywodraeth newydd. Sicrhaodd y garfan a oedd yn erbyn Schleicher fod y Cadfridog von Blomberg yn cael ei benodi'n Weinidog Amddiffyn yn ei le, symudiad a fyddai'n sicrhau cefnogaeth y fyddin i'r llywodraeth newydd. Mae'n ymddangos i Papen ddarbwyllo Hindenburg y gellid cadw rheolaeth ar Hitler mewn cabinet lle byddai'r Natsïaid mewn lleiafrif. Ar y 30ain o Ionawr 1933 apwyntiwyd Adolf Hitler, gŵr a oedd yn benderfynol o ddinistrio Gweriniaeth Weimar, yn Ganghellor y Weriniaeth honno. Gyda Papen yn Is-Ganghellor a mwyafrif aelodau'r cabinet o du allan i'r Blaid Natsïaidd, credai'r SPD hyd yn oed y gallai Hindenburg a Papen reoli Hitler. Roedd yr hyn a fu ar ôl mis Ionawr i ddangos oferedd oedd eu gobeithion.

Cam cyntaf Hitler oedd trefnu etholiad cyffredinol ar gyfer Mawrth y 5ed. Sicrhaodd gefnogaeth y DNVP drwy addo i Hugenberg y byddai'r Cenedlaetholwyr yn y cabinet yn cael cadw'u swyddi. Bwriad Hitler oedd sicrhau mwyafrif yn y senedd ac felly dilynai bolisïau a fyddai'n sicrhau hynny iddo. Roedd yn dal ati â'r polisi o lwyrlanhau swyddogion gwrth-Natsïaidd o'r Länder hynny a oedd dan lywodraethau y Natsïaid. Chwefror y 4ydd, cyhoeddwyd deddf argyfwng "i amddiffyn pobl yr Almaen" a roddai'r grym i'r llywodraeth gyfyngu ar ryddid y wasg a chyfarfodydd cyhoeddus. O ganlyniad, gallai'r heddlu wahardd ymgyrchoedd etholiad gwrthwynebwyr y Natsïaid.

Un digwyddiad a fu o gymorth i'r Natsïaid ar eu ffordd i awdurdod llwyr oedd llosgi'r Reichstag ar y 27ain o Chwefror. Cyhuddwyd Comiwnydd, van de Lubbe, o'r weithred ac er i'r llysoedd ryddhau'r Blaid Gomiwnyddol o unrhyw gyfrifoldeb am y llosgi, cafwyd van de Lubbe ei hun yn euog ac fe'i dienyddiwyd. Cymerodd Hitler fantais lawn ar y digwyddiad. Ar noson y tân arestiwyd a charcharwyd miloedd o Gomiwnyddion a'r diwrnod canlynol cyflwynwyd deddf argyfwng newydd a oedd yn atal y rhan fwyaf o hawliau sifil a hawliau personol yr Almaenwyr, gan gynnwys eu rhyddid barn.

Ond er yr holl ddatblygiadau hyn ni lwyddodd Hitler i ennill y mwyafrif yr oedd ei angen arno yn yr etholiad. Llwyddodd y

Natsïaid i ennill 44% o'r seddau a'u cynghreiriaid 7% ohonynt, ond ni chaed cwymp sylweddol yng nghynrychiolaeth yr SPD na'r KPD (nid oedd Hitler wedi gwahardd y KPD rhag ofn i'r SPD elwa ar hynny). Roedd perfformiad y Sosialwyr a'r Comiwnyddion yn ganmoladwy o gofio fod gan y Natsïaid fonopoli ar bropaganda radio a'u bod wedi cael 3 miliwn marc gan Krupp a'i gyfeillion, pobl a oedd yn gweld yr etholiad fel etholiad i roi terfyn ar bob etholiad.

Wedi'r etholiad cyflwynodd Hitler nifer o fesurau i Natsïeiddio'r Almaen. Mawrth y 6ed, Natsïeiddiwyd heddluoedd y Länder hynny oedd a llywodraethau democrataidd arnynt. Disodlwyd y llywodraethau democrataidd hynny gan lywodraethau Natsïaidd gan ddefnyddio'r un dulliau ag a ddefnyddiasai Papen wrth "dreisio Prwsia". Penderfynodd Hitler agor y senedd newydd yn Neuadd Opera Kroll, ar Fawrth yr 21ain — "Diwrnod y Deffroad Cenedlaethol". Mewn seremoni artiffisial yn eglwys gwarchodlu Potsdam, claddfa teulu brenhinol yr Almaen, cafwyd areithiau gan Hindenburg a Hitler. Ar ôl y ddefod roedd gorymdaith seremonïol gan yr SA a'r Stahlhelm. Roedd "Diwrnod y Deffroad Cenedlaethol" yn ddigwyddiad poblogaidd a roddai'r argraff i ddieithriaid fod Hitler yn arweinydd parchus.

CLADDU'R WERINIAETH

Ddeuddydd yn ddiweddarach cyflwynodd y Natsïaid "Ddeddf i liniaru trallod y bobl a'r Reich" — y Ddeddf Alluogi. Rhoddai'r ddeddf yr hawl i'r llywodraeth ddeddfu heb y senedd ac i ddeddfau ddod yn gyfreithlon yn syth ar ôl cael llofnod y Canghellor arnynt. Ond, er. bod pob un o aelodau seneddol y Comiwnyddion a deuddeg o aelodau seneddol y Sosialwyr yn y carchar, roedd ar Hitler angen mwyafrif o ⅔ os oedd y mesur i'w basio'n ddeddf. Felly roedd hi'n rhaid i Hitler ennill cefnogaeth y pleidiau bourgeois. Llwyddodd i ennill cefnogaeth y Zentrumspartei, er bod lleiafrif yn y blaid honno'n gweld peryglon y Ddeddf Alluogi, trwy wneud addewidion amwys ynglŷn â diogelu'r eglwysi. Dilynodd y pleidiau llai arweiniad y Zentrumspartei. Ar ôl sicrhau cefnogaeth y pleidiau hyn cyflwynodd Hitler y Ddeddf Alluogi gerbron y senedd. Roedd milwyr yr SS yn amgylchynu'r adeilad a baneri'r swastika yn gorchuddio'r muriau oll. Yr unig un i siarad yn erbyn y mesur oedd arweinydd y Sosialwyr, Otto Wels, a ddywedodd "Ni all unrhyw Ddeddf Alluogi roi'r awdurdod i ddinistrio delfrydau sy'n dragwyddol ac yn amhosibl eu distrywio". 94 o Sosialwyr yn unig a wrthwynebai. Pasiwyd y Ddeddf Alluogi.

Gallai Adolf Hitler yn awr gwblhau chwyldro'r Natsïaid. Toddwyd pob corff cyhoeddus a phob cyfundrefn gyhoeddus yn rhan o'r wladwriaeth Natsïaidd, ac ar Fai'r 11eg, am hanner nos, llosgwyd 20,000 o lyfrau a oedd yn wleidyddol a moesol annerbyniol. Ym mis Mai diddymwyd yr undebau llafur. Ym mis Mehefin diddymwyd pob plaid wleidyddol heblaw am yr NSDAP a gorfodwyd i bartneriaid y Natsïaid, y Cenedlaethol-wyr, i'w diddymu'u hunain. Gorffennaf y 14eg, troes yr Almaen yn wladwriaeth un blaid yn swyddogol ac, ar y 1af o Ragfyr, cyhoeddwyd fod y wladwriaeth a'r Blaid Natsïaidd yn un.

Parhâi'r un patrwm ym 1934. Gwaharddwyd pob mudiad ieuenctid nad oedd yn fudiad Natsïaidd, a gorfodwyd eu haelodau i ymuno â Ieuenctid Hitler a Chynghrair Merched yr Almaen. Llwyrlanhawyd y gwasanaeth sifil, yr heddlu, barnwyr y wlad a'r proffesiynau o'r bobl a wrthwynebai'r Natsïaid. Ar Noson y Cyllyll Hirion, Mehefin y 30ain, 1934, dinistriwyd pob bygythiad o wrthwynebiad mewnol ac allanol i'r blaid ac i Hitler pan lofruddiwyd Röhm, Strasser, Schleicher a channoedd o'r SA ac o adain chwith y Natsïaid.

Awst yr 2il 1934, bu farw'r Arlywydd Hindenburg. Cyhoeddodd Hitler ei fod am gyfuno swyddi'r Canghellor a'r Arlywydd ac mai ef fyddai pennaeth newydd y wladwriaeth. Roedd Adolf Hitler yn Führer yr Almaen ac nid oedd Gweriniaeth Weimar ond atgof.

LLYFRYDDIAETH

Alian, W.S., *The Nazi Seizure of Power, the Experience of a Single German Town 1930-1933*, (Llundain, 1966).

Angres, W.T., *Stillborn Revolution. The Communist bid for power in Germany*, (Princeton, 1963).

Bretton, H.L., *Stresemann and the Revision of Versailles*, (Stanford, 1963).

Carr, E.H., *Cydberthynas y gwledydd wedi'r cyfamodau heddwch*, (Gwasg Prifysgol Cymru, 1938).

Carsten, F.L., *The Reichswehr and Politics 1918-1933*, (Rhydychen, 1966).

Carsten, F.L., *The Rise of Fascism*, (Batsford, 1967).

Carsten, F.L., *Revolution in Central Europe 1918-19*, (Llundain, Temple Smith, 1972).

Craig, G.A., *Germany 1866-1945*, (Rhydychen, 1981).

Dehio, L., *Germany and World Politics in the Twentieth Century*, (Chatto & Windus, 1959).

Dyck, H.L., *Weimar Germany and Soviet Russia 1926-1933. A study in diplomatic instability*, (Chatto & Windus, 1966).

Eschenberg, T., *Die Improvisierte Demokratie, gesammelte Aufsätze zur Weimarer Republik*, (Munich, 1963).

Eyck, E., *A History of the Weimar Republic*, (Llundain, 1962).

Gatske, H.W., *Stresemann and the Rearmament of Germany*, (John Hopkins, 1954).

Gordon, H.J., *The Reichswehr and the German Republic 1919-1926*, (Princeton, 1957).

Heberle, R., *From Democracy to Nazism. A regional case study on political parties in Germany*, (Baton Rouge, 1945).

Hertzmann, L., *DNVP — Right wing Opposition in the Weimar Republic*, (Nebraska, 1963).

Herzfeld, H., *Die Weimarer Republik, Deutsche Ereignisse and Probleme*, (Frankfurt am Main, 1966).

Hiden, J.W., The Weimar Republic, (Longman, 1974).

Hilger, G. a Meyer, A.G., *The Incompatible Allies*, (Macmillan, 1953).

Hunt, R.N., *German Social Democracy 1918-1933*, (Yale, 1964).

Jarman, T.L., *The Rise and Fall of Nazi Germany*, (Signet Books, 1961).

Mann, G., *A History of Germany since 1789*, (Llundain, 1968).

Neumann, S., *Die Parteien der Weimarer Republik*, (W. Kohlhammer Verlag, 1965).

Newman, W.J., *The Balance of Power in the Interwar Years 1919-1939*, (Random House, 1968).

Nicholls, A.J., *Weimar and the Rise of Hitler*, (Llundain, 1968).

Orlow, D.O., *A History of the Nazi Party 1919-1933*, (David and Charles, 1971).

Pulzer, P.G.S., *The Rise of Political Anti-semitism in Germany and Austria*, (Wiley, 1964).

Riekhof, Harald von, *German Polish Relations 1918-33*, (John Hopkins, 1971).

Ringer, F.K., *The German Inflation of 1923*, (Rhydychen, 1969).

Ryder, A.J., *The German Revolution of 1918. A study of German socialism in war and revolt*, (Caergrawnt, 1967).

Stolper, G., *The German Economy 1870 to the Present*, (Weidenfeld & Nicolson, 1967).

Waldman, E., *The Spartacist Uprising of 1919*, (Maquette, 1958).

Wheeler-Bennett, J.W., *Nemesis of Power. The German army in politics 1918-1945*, (Macmillan, 1961).

Woolf, S.J., *European Fascism*, (Weidenfeld & Nicolson, 1968).

MYNEGAI

Alsace Lorraine 27
Althonia 65
Anschluss 63
Arweinyddiaeth Filwrol 9, 10, 11, 12, 14, 18, 19
Awstria 28, 61
Awstria-Hwngari 10, 16

Bad Harzburg 61
Bafaria 16, 22, 23, 24, 30, 34, 36-37, 40-41,
- gwrthryfel 1928 40-41
- y *regime* Sofietaidd 23-24
Banciau Taliadau Rhyngwladol 53
Barth, Emil 17
Bauer, Gustav 28, 29-30
Bayerische Volkspartei [BVP] - gweler Plaid Pobl Bafaria
Berlin 17, 19, 20, 23, 30, 36, 39, 40, 41, 59, 65, 67
Bismarck, Otto von 9, 10
Blomberg, Werner von 69
Brandenburg 40
Brauns, Heinrich 51
Bremen 23, 40
Briand, Aristide 35, 47
Bruning, Heinrich 52, 57-63, 64, 68
Byddin Goch 23, 31

Cabinet y Gŵyr Busnes 38-40
Cabinet Personoliaethau 52-56
Cabinet y Bwrwniaid 64-67
cadoediad 17
Cannes 35
Class, Heinrich 54
Clymblaid Weimar 22, 33-34
Cologne 46, 47, 49, 68
Comisiwn Sosialeiddio 19
Comiwnyddion — gweler Plaid Gomiwnyddol yr Almaen
Cuno, Wilhelm 37-40
Cuxhaven 23
Cwmni Ffilmiau Phöbus 51
Cwymp Wall Street 55
Cyfansoddiad Weimar 24-27
     - addysg 26-27
     - Canghellor ac Arlywydd 25
     - Cyngor Economaidd y Reich 26
     - hawl y bobl i gyflwyno deddfwriaeth 26
     - y gwasanaeth sifil a'r Farnwriaeth 26
     - y *Länder* [rhanbarthau] 24
     - y *Reichstag* a'r system etholiadol 25

- grym gweithredu 25
Cyfundrefn Consul 34, 36
Cynghrair Merched yr Almaen 71
Cynghrair Spartacus - gweler *Spartakusbund*
Cynghrair y Cenhedloedd 28, 34, 47, 48, 49
Cynghorau Milwyr, Llongwyr a Gweithwyr, 15, 16, 17, 23
Cynghreiriaid, 11, 12, 17, 18, 23, 27, 28, 29, 33, 34, 35, 36, 39, 44, 46, 47, 48, 49, 51, 53, 54, 60
Cyngor Cynrychiolwyr y Bobl 16, 17-18
     - ymddiswyddiad y Sosialwyr Annibynnol 20
Cyngor Economaidd y Reich 26
Cyngor Gweithwyr Berlin 23
Cyngres Genedlaethol y Cynghorau Milwyr a Gweithwyr 18, 19, 21
Cynhadledd Cannes 35
Cynhadledd Iawndaliadau Lausanne 64
Cynllun Dawes 44-45, 46
Cynllun Schlieffen 9-10
Cynllun Young 53-55, 60
Cynulliad Cyfansoddedig 16, 17, 18, 19, 20, 24, 26, 29
Cytundeb Berlin [1926] 49
Cytundeb Bielefeld [1920] 31
Cytundeb Brest Litovsk [1918] 12
Cytundeb Ebert-Groener [1918] 18, 31
Cytundeb Locarno [1925] 47-49
Cytundeb Rapallo [1922] 35-37, 49
Cytundeb Versailles [1919] 27-29, 34, 35-36, 46, 47, 48, 51
Chwyldro Rwsia 11, 12, 36
Chwyldro Tachwedd 14, 15-16

datganiad heddwch 11
Dawes, Charles G. - gweler Cynllun Dawes
Deddf i liniaru trallod y bobl a'r Reich [y Ddeddf Alluogi] 70-71
Deddf yn erbyn caethiwo pobl yr Almaen 54
Deutsche Demokratische Partei [DDP] - gweler Plaid Ddemocrataidd yr Almaen
Deutsche Staatspartei 59
Deutschnationale Volkspartei [DNVP] - gweler Plaid Genedlaethol Pobl yr Almaen
Deutsche Volkspartei [DVP] - gweler Plaid Pobl yr Almaen
dirwasgiad 1923 38-42
Dirwasgiad Mawr 43, 55-56
Dittmann, Wilhelm 17

Diwrnod y Deffroad Cenedlaethol 70
Dortmund 45
Duesterberg, Theodor 62
Duisburg 33
Düsseldorf 23, 33, 59, 61

Ebert, Friedrich 16, 17, 18. 19, 20, 21
  - Arlywydd 22, 23, 29, 30, 34, 36-37,
    38, 40, 42, 45, 46
Eidal 48, 68
Eisner, Kurt 16, 23
Elbe 62
Emden 40
Erfüllungspolitik 34-37, 44
Erhardt, Hermann 30
Erthygl 231: 28, 29
Erthygl 48 y Cyfansoddiad 25, 29, 60
Erthygl 54 y Cyfansoddiad 26
Essen 38
Etholiadau
        - Cynulliad Cyfansoddedig 21-22
        - Arlywydd 46-47, 62-63
        - Reichstag [etholiadau cyffredinol]
        etholiad 1920 32-33;
        etholiad Mai 1924 43-44;
        etholiad Rhagfyr 1924 46
        etholiad 1928 51-52;
        etholiad Medi 1930 58-59;
        etholiad Gorffennaf 1932 66;
        etholiad Tachwedd 1932 66-67;
        etholiad Mawrth 1933 69-70
Erzberger, Matthias 11, 17, 34

Fehrenbach, Konstantin 32-33
Foch, Ferdinand 17
Frei Korps 20, 21, 23, 31
Führer 71
Ffrainc, 9, 12, 27, 28, 29, 32, 35-36, 37,
        38-40, 42, 43, 44, 46, 47, 48, 61
Ffrynt Haearn 65
Ffrynt Harzburg 61, 68
Ffrynt y Gorllewin 9, 12, 16
Gayl, Freiherr von 67
Genoa 35
Gessler, Otto von 31, 35, 41, 50, 51
Gilbert, Seymor Parker 44
Göring, Hermann 66
Groener, Wilhelm 14, 18, 19, 29, 57, 63
Gwlad Belg 9, 38, 47, 48
Gwlad Pŵyl 27, 34

Haase, Hugo 17
Yr Hâg 54, 55
Halle 23
Hamburg 40, 41, 65
Herriot, Edouard 44-45

Hertling, Georg von 13
Hess, Rudolf 68
Hilferding, Rudolf 43, 55, 56
Hindenburg, Oskar von 57
Hindenburg, Paul von 10, 12, 13, 14, 19
        - Arlywydd 46-47, 48, 52, 54, 57, 58,
        60, 62, 63, 66, 67, 68, 69, 70, 71
Hitler, Adolf 37, 41-42, 52, 54, 57, 59, 60,
        62, 64, 65, 66, 67
        - Canghellor 69-71
Hoffmann, Johannes 30
Hoover, Herbert 61
Hugenberg, Alfred 46, 52, 54, 55, 58, 68
iawndaliadau 28, 33, 35-36, 44-45, 51, 54,
        60-61, 64
Ieuenctid Hitler 71

Kaas, Ludwig 52
Kahr, Gustav von 30, 34, 37, 40-42
Kapp, Wolfgang - gweler Putsch Kapp
Kiel 15, 19
Knilling, Eugen von 37, 40
Kommunistische   Partei   Deutschlands
        [KPD] gweler Plaid Gomiwnyddol
        yr Almaen
Kroll, y Neuadd Opera 70
Krupp, Gustav 38, 70

Land, Länder 13, 24, 25, 36, 45, 62, 63, 69,
        70
Landsberg, Otto 17
Lausanne, Cynhadledd Iawndaliadau 64
Lenin, Vladimir Ilyich 12
Lerchenfeld, Hugo von 34, 37
Leviné, Eugen, 23
Liebknecht, Karl 16, 17, 20, 21
Lloyd, George, David 35-36
Locarno 48
Lossow, Otto von 40, 41-42
Ludendorff, Erich von 10, 12, 13, 14, 41
Lüttwitz, Walther von 23, 30
Luther, Hans 46-49
Luxembourg, Rosa 17, 20, 21

Manchester Guardian 50
Marx, Wilhelm 43, 44-45, 46-47, 49-50,
        50-51
Max, Tywysog Baden 13, 14, 15, 16, 22
Mecklenburg 40
Mehrheitssozialdemokratische   Partei
        Deutschlands [MSPD] - gweler
        Plaid Ddemocrataidd Sosialaidd
        Fwyafrifol yr Almaen
Meyer, Oskar 56
Moldenhauer, Paul 56
Mülheim 23

Müller, Hermann 28, 52-55, 57
Munich 23, 24, 41

Nationalsozialistische Deutsche Arbeiterpartei [NSDAP] - gweler Plaid Genedlaethol Sosialaidd Gweithwyr yr Almaen
Noske, Gustav 15, 19, 21, 23, 29, 31
Noson y Cyllyll Hirion 71

Osthilfe 62
Ott [adroddiad] 67

Papen, Franz von 63-68, 69, 70
Paris 53
Pedwar Pwynt ar Ddeg 12, 13, 27-28
Plaid Ddemocrataidd yr Almaen [DDP] 21, 22, 24, 29, 31, 33, 34, 56, 59
Plaid Ddemocrataidd Sosialaidd Annibynnol yr Almaen [USPD] 11, 12, 16, 17, 18, 19, 20, 21, 22, 23, 29, 32
Plaid Ddemocrataidd Sosialaidd Fwyafrifol yr Almaen [MSPD] 11, 12, 13, 16, 17, 18, 19, 20, 21, 22, 23, 29, 30, 31, 32
Plaid Ddemocrataidd Sosialaidd yr Almaen [SPD] 10, 11, 12, 24, 32, 33, 37-38, 40, 41, 43, 46, 48, 49, 50, 51, 52, 53, 56, 57, 58, 59, 60, 61, 63, 64, 65, 66, 67, 69, 70, 71
Plaid Genedlaethol Pobl yr Almaen [DNVP] 22, 29, 32, 34, 35, 44, 45, 46, 47, 48, 49, 51, 52, 54, 61, 62, 67, 69, 71
Plaid Genedlaethol Sosialaidd Gweithwyr yr Almaen [NSDAP] - Y Blaid Natsïaidd] 27, 36-37, 40, 41, 44, 54, 57, 58, 59, 60, 61, 62, 64, 65, 66, 67, 68, 70, 71
Plaid Gomiwnyddol yr Almaen [KPD] 20, 21, 23, 31, 32, 35, 40, 41, 43, 44, 46-47, 50, 53, 58, 59, 62, 65, 66, 68, 69, 70
Plaid y Blaengarwyr 11, 13, 21
Plaid Pobl Bafaria [BVP] 22, 47, 51, 58
Plaid Pobl yr Almaen [DVP] 21, 22, 29, 32-33, 37-38, 49, 51, 56, 59, 66, 67
Poincaré, Raymond 35-36, 38
Preuss, Hugo 21, 24
Prwsia 13, 24, 63, 64, 65
- dwyrain 27, 62, 68
- treisio 65-70
Prydain Fawr 12, 28, 35-36, 43, 48, 63
Pum Pwynt ar Hugain 60
Putsch Kapp 29-30, 31, 32, 33, 40, 65
Putsch "Neuadd Gwrw" 41-42

Putsch y Ruhr 31
Putsch y *Spartakusbund* - gweler Spartakusbund
Pwyllgor Cyfansoddiadol 24
Pwyllgor Iawndal y Cynghreiriaid 33

Rathenau, Walther 21, 34-36
- Erfüllungspolitik 34-36, 37
Reichsbahn 44, 45
Reichsbank 44, 55
Reichsrat 25
Reichstag 9, 11, 13, 25-26, 32, 34, 36, 37, 45, 46, 50, 53, 54, 57, 58, 59, 60, 63, 64, 65, 66, 67, 68, 69, 70
Reichswehr 29-30, 31, 35-36, 41, 42, 50, 51, 57, 59, 63, 64, 67
Reinhardt, Walther 30, 31
Rentenbank 40
Rentenmark 40
Rhein 27
Rheinland 27, 47, 49, 52, 53, 54
Röhm, Ernst 71
Ruhr 33, 36, 37, 48
- gwrthryfel y Ruhr 31
- meddiannu'r Ruhr 38-40, 44, 45
Ruhrohrt 33
Rwsia 9, 10, 11, 12, 35-36, 48, 49, 50

SA - gweler *Sturmabteilung*
Saar 27
Sacsoni 40, 41, 42
Schacht, Hjalmar 40, 55, 56
Scheidemann, Philipp 16, 17, 22, 28
Schlange-Schoningen 62
Schleicher, Kurt von 57, 63, 64, 65, 66, 67, 68, 69, 71
Schleswig, Gogledd 27
Schröder, Kurt von 68
Schutzstaffel 63, 64, 70
Seeckt, Kurt von 31, 35-36, 41, 47, 50
Seldte, Franz 54
Severing, Carl 52
Silesia Uchaf 27, 28, 39, 40
- refferendwm Mawrth 1921 34
Sosialwyr Annibynnol [USPD] - gweler Plaid Ddemocrataidd Sosialaidd Annibynnol yr Almaen
Sosialwyr Mwyafrifol [MSPD] - gweler Plaid Ddemocrataidd Sosialaidd Fwyafrifol yr Almaen
Sozialdemokratische Partei Deutschlands [SPD] - gweler Plaid Ddemocrataidd Sosialaidd yr Almaen

76

Spartakusbund [Cynghrair Spartacus] 14, 16, 17, 18, 20
    - *Putsch* y *Spartakusbund* 20, 21, 22, 40
SS - gweler *Schutzstaffel*
Stahlhelm
Strasser, Gregor 68, 71
Stresemann, Gustav 21, 54, 59, 60
    - Canghellor 40-41
    - Gweinidog Tramor 43-44, 45, 47-48, 49, 52, 53, 54
Sturmabteilung 63, 64, 70, 71

Treisio Prwsia 65, 70
Thälmann, Ernst 46-47, 62
Thuringia 22, 41, 42
Tsiecoslofacia 61

Unabhängige Sozialdemokratische Partei Deutschlands [USPD] - gweler Plaid Ddemocrataidd Sosialaidd Annibynnol yr Almaen
Undeb Gweriniaethau Sosialaidd y Sofiet [gweler Rwsia]
Unol Daleithiau America 12, 13, 14, 44, 45, 53, 55, 61, 63

Van der Lubbe, Marius 69
Verständigungspolitik 43, 46

Weber, Max 21
Wels, Otto 71
Wilhelm I [Caiser yr Almaen] 9
Wilhelm II [Caiser yr Almaen] 10, 11, 13, 14, 15, 16, 28
Wilhelmshaven 23
Wilson, Woodrow 12, 13, 14
Wirth, Joseph 33-34, 34-38, 52
Wissell, Rudolf 52, 55, 56
Wltimatwm Llundain 33

Zentrumspartei 13, 22, 29, 33, 43, 44, 46, 51, 52, 57, 58, 63, 64, 65, 66, 70
Zollunion 61